監修者――五味文彦／佐藤信／高埜利彦／宮地正人／吉田伸之

［カバー表写真］
「夷酋列像」（御味方蝦夷之図）より
イコトイ

［カバー裏写真］
蝦夷錦（杉浦嘉七伝世品）

［扉写真］
「国絵図」のなかの「狄村《えぞ》」
（「陸奥国津軽郡之絵図」）

日本史リブレット 50

アイヌ民族の軌跡

Namikawa Kenji
浪川健治

目次

アイヌ民族の今――民族と先住性

歴史のなかのあらゆる時点で、現在の日本という国家領域のなかが単一の民族や文化で覆われたことはない。それは、北におけるアイヌ民族の存在や南島における琉球《りゅうきゅう》の文化の存在をみても明らかである。強制的な移住や連行を除いても、少なくとも、二つの民族と三つの大きな文化がこの列島弧の上に存在し、文化接触が繰り返されていた。

北の文化の主体、それがアイヌ民族である。本論にはいる前に、現状について確認しておこう。二〇一三（平成二十五）年の北海道環境生活部による調査では、北海道のアイヌの人びとは道内の六六の市町村に住み、人口は一万六七八六人で、うち日高《ひだか》振興局▲管内と胆振《いぶり》総合振興局▲管内で七割を占めている（「北海

▼**日高振興局**　浦河《うらかわ》町・えりも町・様似《さまに》町・新《しん》ひだか町・新冠《にいかっぷ》町・日高町・平取《びらとり》町。

▼**胆振総合振興局**　厚真《あつま》町・安平《あびら》町・白老《しらおい》町・壮瞥《そうべつ》町・伊達《だて》市・洞爺湖《とうやこ》町・苫小牧《とまこまい》市・豊浦《とようら》町・登別《のぼりべつ》市・むかわ町・室蘭《むろらん》市。

道アイヌ生活実態調査▲」)。この数は、民族差別によって申告できなかった人びとや就職難などから首都圏などに移住した人たちを含んではいない。

明治政府は、和人《わじん》移民の増加によりアイヌが「其活路ヲ失」っている現状を認め、その「救済」は「国家ノ義務」である(『公文類聚《こうぶんるいじゅう》』▲第二十三編)として、一八九九(明治三十二)年三月二日に「北海道旧《きゅう》土人《どじん》保護法」を公布している。この法律はアイヌの人びとを「旧土人」と規定して農地給付と教育の授与を内容としているが、アイヌ民族の独自の文化と先住の権利を〝保護〟するための内容をもつものではなく、生産・生業と文化の諸側面において民族文化を否定し「日本」文化への吸収をはかる以外のなにものでもなかった。

一九九七(平成九)年七月一日、アイヌ新法▲の施行によって、「北海道旧土人保護法」(明治三十二年法律第二十七号)および「旭川《あさひかわ》市旧土人保護地処分法」(昭和九〈一九三四〉年法律第九号)は廃止された。この法律は、法体系のうえで、はじめてアイヌの人たちを民族として認め、民族としての誇りが尊重される社会の実現をはかることなどを内容とするものである。衆議院と参議院内閣委員会での「アイヌ新法の付帯決議」のなかで、「アイヌの人びとの『先住性』は、歴史的事

▼北海道アイヌ生活実態調査　北海道は、一九七二(昭和四十七)年以来八回、「アイヌ生活実態調査」を実施している。対象は道内のアイヌの人たち全体ではなく、各市町村が把握しえた六三市町村に限られる。二〇一七(平成二十九)年の調査では、五五七一世帯・一万三一一八人である。生活保護率は減少し、調査が始まって以降、アイヌの人たちの居住地間での生活格差は減少、高校進学率は上昇した。大学進学率は上昇したが居住地による格差がある。一方、居住自治体全体の平均との比較では、生活にかかわる諸項目で格差がなお存在し、現在も学校・結婚・職場での民族的な差別がある。子弟教育、ついで生活と雇用安定、文化の保存伝承の対策が望まれている。

▼『公文類聚』　一八八二(明治十五)年、『太政類典《だじょうるいてん》』を改称。政《せい》体門《たいもん》から外事門《がいじもん》までの二三部門に

実であり、この事実も含め、アイヌの伝統等に関する知識の普及及び啓発の推進に努めること」に適切な措置を講ずることが求められている。

「先住性」、すなわち、先住民族の権利とは一般的に、先住民族が居住する、または居住していた土地と、そこにある資源に対する権利、伝統文化を維持し発展させる権利、さらに一部には政治的自決権をも包含する内容の権利である。とくに、ＩＬＯ▲は、先住民族の権利を推進するために、一九五七年に独立国における先住民などの保護および同化を促進し、生活条件や労働条件の改善などを目的としてＩＬＯ第一〇七号条約を、さらに八九年にいかなる国家または社会組織も先住民の主張するアイデンティティを否定してはならないこと、また、国家は先住民の参加のもとに彼らの権利と全体性を確保する責任があることなどを趣旨とする第一六九号条約を採択した。第一六九号条約は二〇二一年現在二三カ国が批准《ひじゅん》しているが、日本は未批准である。

二〇〇八(平成二十)年六月六日、衆参両院本会議は、アイヌ民族を先住民族と認定することを求める決議を全会一致で採択した。それは、〇七年九月の国連による「先住民族の権利に関する国際連合宣言」の採択を踏まえ、アイヌの人

分類し年別に編集。一八八六(明治十九)年からは主として法律および規則の原議を収録・編集。国立公文書館蔵。

▼**アイヌ新法**　正式には、「アイヌ文化の振興並びにアイヌの伝統等に関する知識の普及及び啓発に関する法律」(平成九年五月十四日法律第五十二号)。

▼**ＩＬＯ**　International Labour Organization(国際労働機関)の略称。一九一九年、ヴェルサイユ条約第一三編に基づき設置される。低賃金・長時間の奴隷《どれい》的労働を含む労働条件の改善を通じて、不当な市場争奪と紛争を防止し世界平和を実現することを理念とする。とくに、創設期にはプランテーションや鉱山での労働に先住民が奴隷的に使役されていたため、その救済がめざされた。第二次世界大戦後は、加盟国に生活する先住民族のための基準設定がめざされた。

びとが近代化の過程で差別され、貧窮を余儀なくされた歴史的事実をうけ止め、政府に先住民族としての認定と総合的な施策の確立を求めるものであった。これは、「先住性」を基に独自の文化や生活の保護・再生という総合的な施策拡充を求める北海道ウタリ協会▲の要望に応えるものでもある。これに対し政府は、内閣官房長官談話の形ではじめて「先住民族」と認め、「有識者会議」を設置し、先住民族と認めた場合の先住権の内容などを検討する方針を示した。

　二〇〇九年の「アイヌ政策のあり方に関する有識者懇談会」報告では「民族共生の象徴となる空間」の整備が提言され、アイヌ文化の復興・創造・発展させる拠点であり、先住民族の尊厳を尊重した多様な文化をもつ社会を築いていくための象徴として複合的な意義や目的を有する空間が構想されていた。

　二〇一九(令和元)年、アイヌ新法にかわり「アイヌの人々の誇りが尊重される社会を実現するための施策の推進に関する法律(二〇一九年法律第十六号)」(アイヌ施策推進法)が制定された。アイヌ施策推進法は、アイヌの人びとが民族としての誇りをもって生活できるよう、文化振興や福祉施策に加え、地域振興・産業振興・観光振興等によりその誇りが尊重される社会の実現をはかり、国民

一〇七号条約は「独立国における先住民並びに他の種族民及び半種族民の保護と同化にかんする条約」、一六九号条約は「独立国における先住民族並びに他の種族民族条約」である。

▼北海道ウタリ協会　ウタリはアイヌ語で同胞のこと。二〇〇九年四月から「北海道アイヌ協会」と改称。

が相互に人格と個性を尊重して共生する社会の実現に資することを目的とする。アイヌ施策推進法によって、北海道白老《しらおい》町の「民族共生象徴空間」ウポポイ▲には、国立アイヌ民族博物館・民族共生公園・慰霊施設が整備され、アイヌの歴史・文化等の発信拠点となっている。なお、国立アイヌ民族博物館はアイヌ文化の展示や調査研究などに特化した施設で、二〇二〇年に開館した。

今日、アイヌ民族とその文化が歴史のなかにようやく正当に理解されるようになったことで、「多様性」や「多文化共生」への試行が社会的に取り組まれはじめた。その一例として、札幌大学では二〇一〇年度から、毎年一定数のアイヌの若者たちを受け入れ、未来のアイヌ文化の担い手として育成し、多文化共生コミュニティーのモデルをつくりだす教育プログラム「ウレㇱパ・プロジェクト」を実施している。▲アイヌ民族の社会や文化に対する理解をはかる実践的な取組みが本格的に始動したといえよう。

▼「ウポポイ」　アイヌ語で「（おおぜいで）歌うこと」の意味。

▼「ウレㇱパ」　「育て合う」という意味のアイヌ語。アイヌの若者たちに対する奨学生《しょうがくせい》制度、企業への活動協力を呼びかけて社会的な広がりをはかるウレㇱパ・カンパニー制度、関心をもつ学生や留学生などにもアイヌ文化や環境にかかわる学習と実践を行い、成果を学外に発信するウレㇱパ・ムーブメントを大きな柱とする。

①―アイヌ文化

アイヌ文化の成立

現在では北海道を主たる生活圏とするアイヌ民族であるが、前近代には居住範囲は広く、北海道を中心に、北はサハリン(樺太)および千島《ちしま》列島全体、南は北東北におよんでいた。このため、サハリン・アイヌ、千島アイヌ、北海道本島のアイヌの人びとは言語だけでなく生活慣習なども生活した地域の環境などによって差異を生じ、多様な文化内容をもって展開した。北海道と本州の時代区分をみてみよう(八ページ表参照)。本州と北海道の文化は縄文《じょうもん》文化は共有するが、それ以降の展開に明確な差異があらわれる。本州以南では縄文文化は金属器と稲作農耕の伝播《でんぱ》によって終り、弥生《やよい》文化が開始され各地に首長《しゅちょう》層があらわれた。北海道には鉄器《てっき》は伝わったが、稲作は行われず、また首長層も出現しなかった。この段階を続縄文《ぞくじょうもん》文化と呼ぶ。縄文文化と同様に狩猟《しゅりょう》・採集が主で、とくに河川でのサケ・マス漁の比重が大きい。

擦文《さつもん》文化は、これについでオホーツク文化▲といわれる北方の文化の影響を受

▼オホーツク文化　オホーツク文化は、ほぼ擦文文化に並行しながら、道北・道東のオホーツク海沿岸に海獣の狩猟・漁労を主生業として展開した。豚・犬などを飼育し、クルミ・大麦・粟《あわ》・キビなどの種子が遺跡から発見されている。ウリチ、ニブヒ、サハリン・アイヌなどの諸民族との関連が指摘される。

けながらあらわれ、本州の文化がより一層北海道におよび、交易で鉄器を手にいれることが広く行われ、石器《せっき》はほとんど使われなくなり、土器《どき》からは縄文文化以来の伝統であった縄目文様が消え、擦文土器▲が使用されるようになった。また住居もそれまでの炉《ろ》にかわってカマドをもつようになり、大規模集落の出現をみるようになった。本州以南との交易の活発化は、交易品目の増加となり、土器すら鉄の鍋や漆器《しっき》にかわって使用されなくなっていった。アイヌ文化は十五世紀ごろに、この擦文文化と呼ばれる北海道独自の文化展開に続きあらわれる。

　アイヌという言葉は、アイヌ語で「神」に対する「人間」を意味している。したがって本来的には「人間一般」を意味していたと考えられる。それは、単なる動物としてのヒトではなく相応の人格をもった存在であり、加えて、女に対する「男」、さらに男の尊称としての意味ももっている。アイヌに対置される神は、カムイとして表現されるが、①霊的存在で森羅万象《しんらばんしょう》に神性が求められ、②人間より強く、日本語にした場合、〝魔〟とも訳されるなど悪さもする両義的な存在であり、③ギリシア神話のような絶対神は存在しないが、④神格の高い神とし

▼**擦文土器**　土器の整形の際に「ハケ目」（「擦痕《さっこん》」）がつけられる土器。この土器を使用した文化を擦文文化といい、続縄文文化を母体に、東北北半の古墳《こふん》時代末期の土師器《はじき》の文化と、大陸の文化の影響を受け、狩猟・漁労・採集・雑穀農耕を生業とする。

●―擦文土器（岐阜第二遺跡出土）

年代	本州	北海道
紀元前 30,000	先土器（旧石器）	先土器（旧石器）
9,000		
8,000	縄文	
1,000		縄文
西暦 0	弥生	
200		
400	古墳	続縄文
600		擦文
800	奈良	
1,000	平安	
1,200	鎌倉	
1,400	室町	アイヌ文化
1,600	安土・桃山	
	江戸	
1,800	明治	明治
	大正	大正
	昭和	昭和

●―本州と北海道の時代区分
（白老民俗文化伝承保存財団『アイヌ文化の基礎知識』より一部改変）

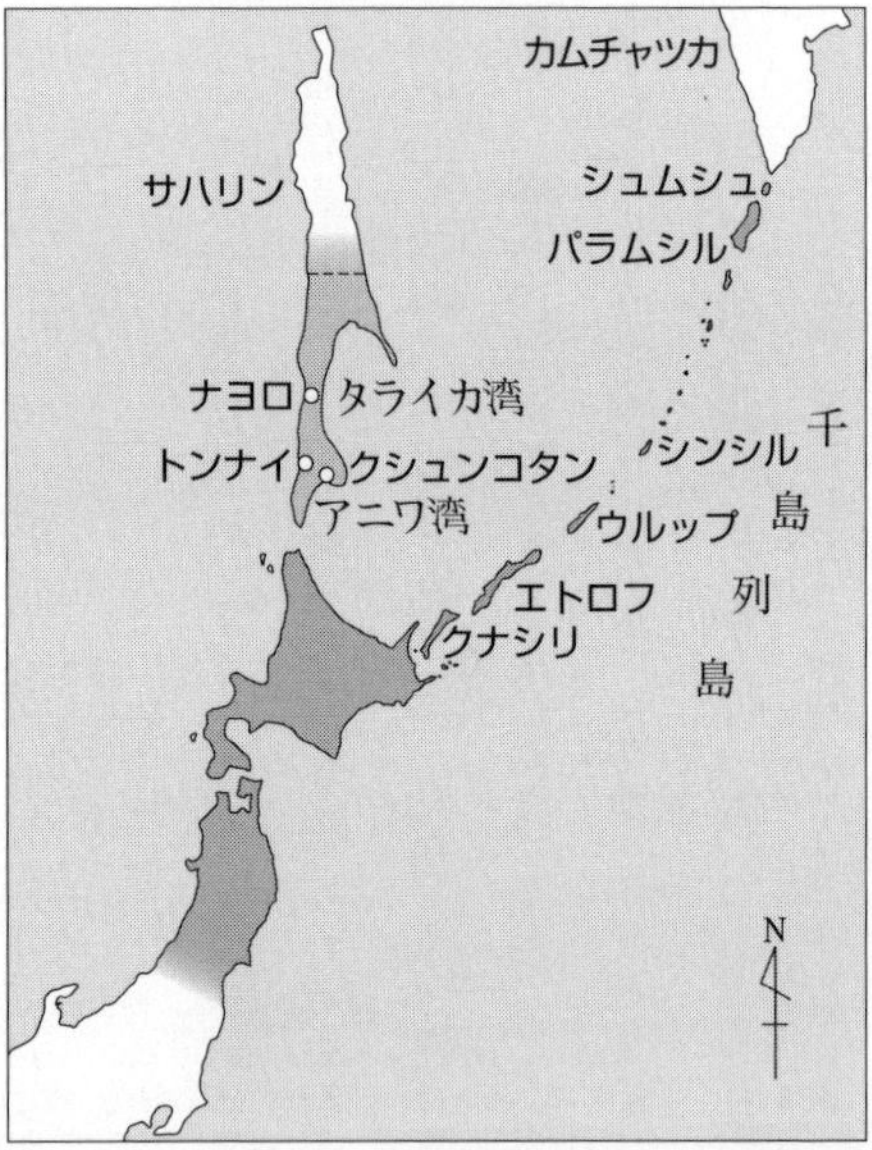

●―前近代のアイヌ語を用いた人びとの分布
（白老民俗文化伝承保存財団『アイヌ文化の基礎知識』に加筆）　本州はアイヌ語地名の存在による。

てコタン・コロ・カムイ（村を・領する・神）→シマフクロウ、アペ・フチ・カムイ（火の・婆・神）→囲炉裏《いろり》の神、キムン・カムイ（山の・神）→熊、レプン・カムイ（海の・神）→シャチなどが存在する。

人間の住む世界はアイヌ・モシリであり、神々の住む世界はカムイ・モシリである。神々は、神の世界では人間と同じ姿をし、人間と同じ生活をしている。ときどき神はカムイ・モシリからアイヌ・モシリに遊びにくるが、そのときはじめて熊の神なら熊の扮装《ふんそう》をする。神がカムイ・モシリに帰るとき、たとえば熊の神ならばその扮装はアイヌの手を借りて脱がなければならない。脱がせた扮装（毛皮・肉）は、熊胆《くまのい》とともにアイヌへのお土産《みやげ》となる。カムイ・モシリに帰った神はアイヌに丁重にまつられることにより神格が上がり、アイヌはその神から狩猟をはじめさまざまな庇護を受けることで、神と人の共存関係が成立する。この送り儀礼をイオマンテと呼び、イ　それ＝神、オマンテ　行かせる＝送る、という語義をもっている。きわめて高度に発達した文化事象で、和人《わじん》にたびたび禁圧されたが現在まで連綿として続けられてきた伝統儀礼であり、アイヌの宗教的・精神的文化の中心に位置する。

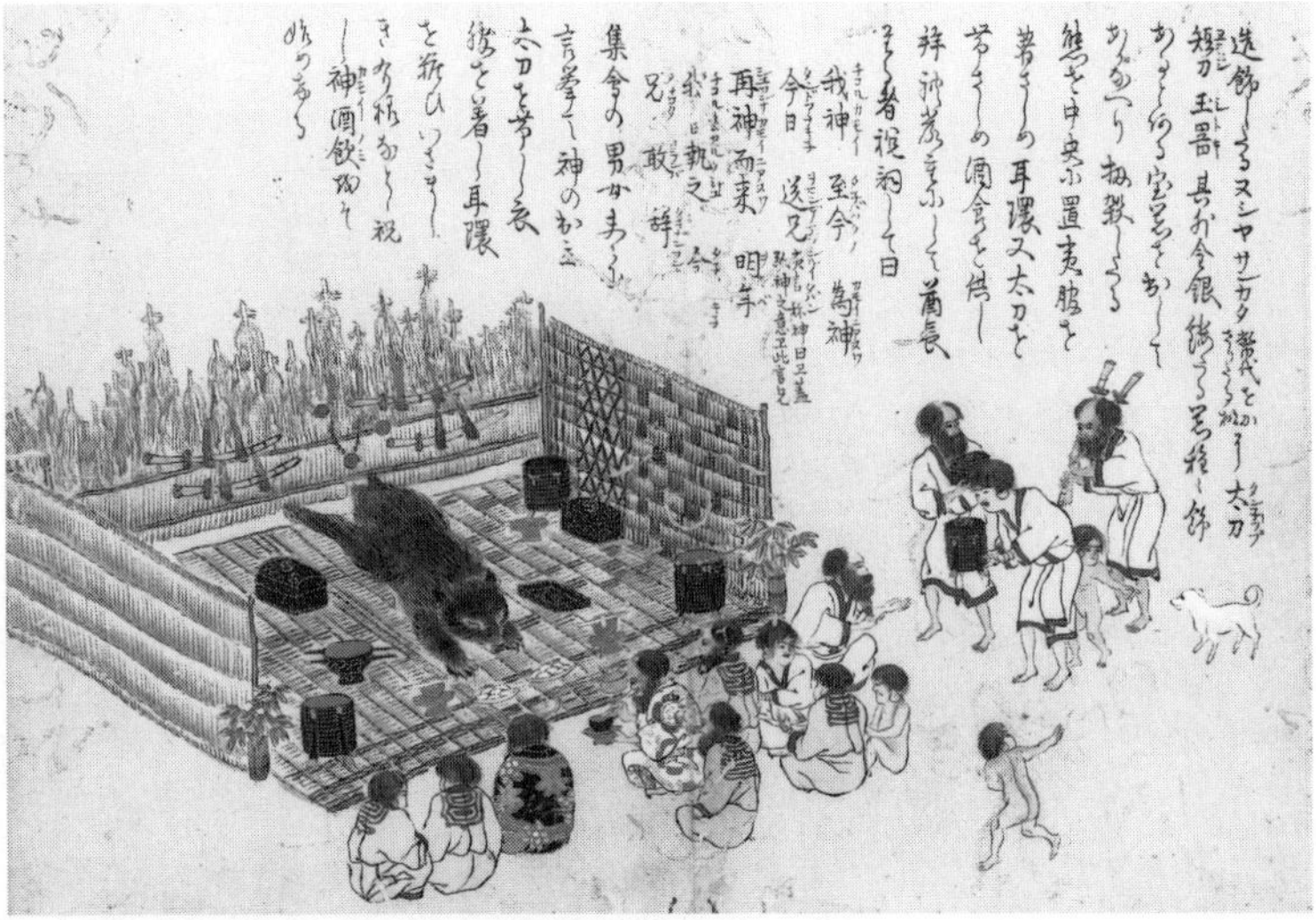

●──熊送りの図(秦檍麿『蝦夷島奇観』熊祭部)

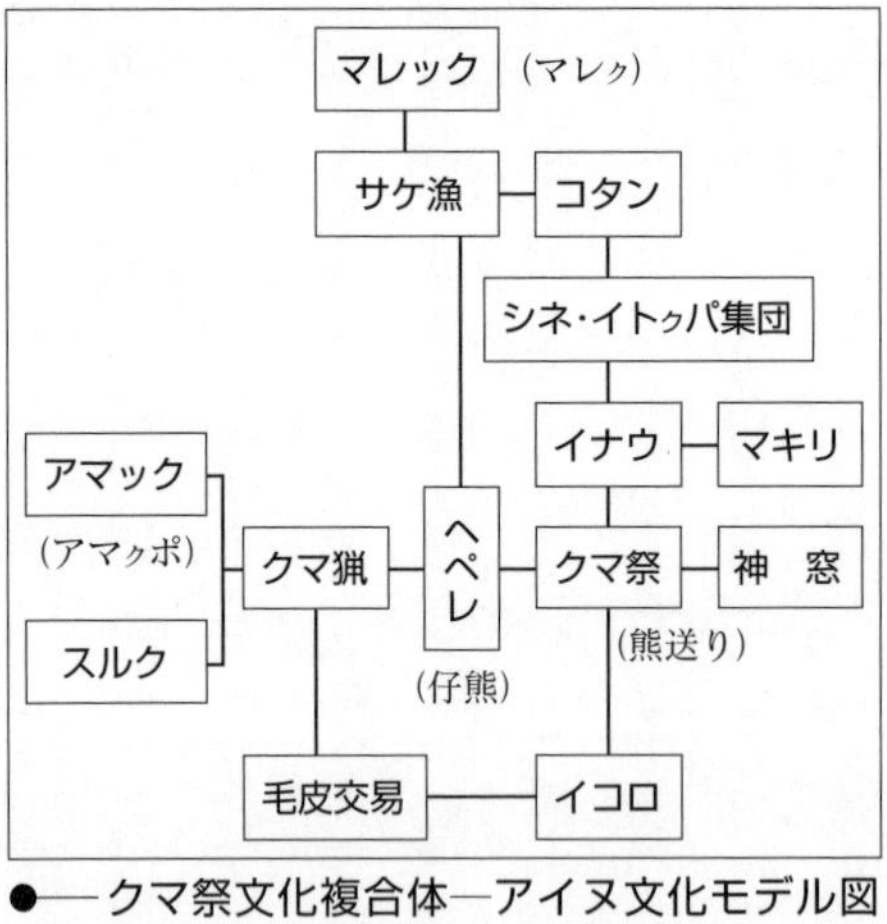

●──クマ祭文化複合体─アイヌ文化モデル図
(渡辺仁「アイヌ文化の成立─民族・歴史・考古諸学の合流点」『考古学雑誌』58-3より一部改変)

熊についてのこの種の儀礼は、スカンジナビア半島北部のサーメから北米のイヌイットまでの諸民族に広く分布する。この環北極諸民族に伝わる熊送り儀礼は二つの型に分けられる。大半の民族の送り儀礼は、山で捕った熊をその場で解体して送るものである。これに対して、アイヌのイオマンテのほか、ニヴヒ・ウイルタ・ウリチ・オロチなど間宮《まみや》海峡を挟む諸民族の儀礼では、山猟で捕えた仔熊を飼育して送る。単なる狩りと違い、親子連れの熊を対象とし小熊の捕獲を行うため、高い狩猟技術が必要とされる。そのもっとも高度化した儀礼が、アイヌのイオマンテである。

アイヌ文化の構造

日本史上の近世に相当する時代のアイヌ文化は、擦文文化を土台としながら、北方のオホーツク文化に影響を受けて、物質的・精神的な十三、四世紀のアイヌ民族の形成によって生まれ、本州の和人社会での中世日本国家の成立と十四、五世紀以後の和人の「夷島《えぞがしま》」への直接的な侵入を前提として成立する。その移行過程については「クマ祭文化複合体」として把握する見解が示される。

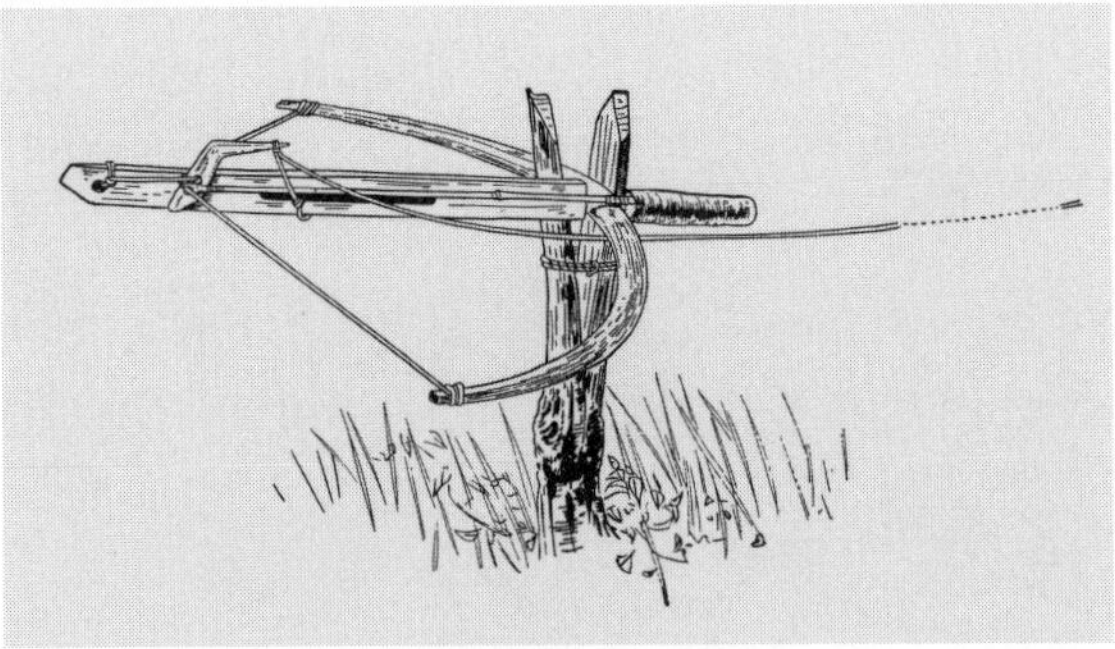

●——仕掛弓

「神窓《しんそう》」はアイヌのチセ(家)の人間の出入り口と反対側にある窓状の開口であり、熊のカムイを迎え入れ、送り出すための神聖な窓である。ヘペレは仔熊のことで、冬籠りの穴のなかで仔熊を捕え、家に持ち帰って大切に育てる。飼育はおもに女性が担当し、成長するとセッ(おり)に移し、神からあずかったものとして大切に育てた。したがって、熊の仔の飼育が盛んなことは、一方で熊送りが盛んなこと、他方で熊猟が盛んなことを意味する。この熊猟を可能にした技術的要因にはアマクポ(仕掛弓)とスルク(矢毒)の使用があり、経済的要因である周辺の異民族、とくに和人との交易とあいまって、北方狩猟民族のなかでも最高とされる熊猟の発展をもたらした。

内陸部のアイヌにとって熊や鹿は肉が食糧、皮が衣類・寝具として消費されたのにとどまらず、和人との交易発展とともに交換物資としての位置付けが強まった。その代償として小刀(マキリ)・太刀(タンネプイコロ)・腰刀(イコロ)・蝦夷太刀(エムシ)などの刀剣類・金属製品、行器《ほかい》(シントコ)・椀(イタンキ)などの漆器が和人社会からもたらされた。太刀以下の金属製品と漆器類は宝物(イコロ)として財産視され、償《つぐな》い物《もの》として他集団との紛争解決に用いられたのみ

●——マレㇰによるサケ漁

ならず、熊送り儀礼に不可欠の用具であり、所有者の権威と富の象徴ともなった。こうした社会のなかで象徴化した産物の入手のために、交易を支える交易品の獲得——狩猟・漁労への生業の傾斜が進行した。

アイヌ文化期の社会の基礎単位は、コタン（血縁を中心とした成員によって構成された共同体）で、基本的なあり方はおおむね川筋や海岸に営まれていた（自然コタン）。しかし場所請負制《ばしょうけおいせい》が確立する十八世紀以降は場所の労働力の供給地としての役割をもたされるようになり、血縁とは関わりなく、和人の意向で場所の中心地である運上屋元《うんじょうやもと》に強制的に集められるようになる（強制コタン）。

熊送り儀礼を行うのは、本来的にはコタン（集落）や首長によって形成される集団より上位に位置する父系の血縁集団であるシネ・イトㇰパ集団である。儀礼行為に付随するイナウ（木幣）には父系の系統を示す祖印エカシ・イトㇰパがきざまれている。そして、そこからやがて儀礼の主体は地縁的な集団へと移行する。それはコタンの大規模化と軌を一にしている。こうした集団による定期的な団体儀礼にはコタンの定住という条件が必要であるが、それはサケを主とする河川漁によって実現された。鉄製のマレク（突き鉤《かぎ》）の使用がサケ・マスの安定的捕獲を保障し、それはさらにコタンの定住性をも保障し、それを基盤として熊送り儀礼が成立した。

つまり、定住性集落という社会基盤（まったくそこを動かないということではなく、生産を行う季節と冬の季節などでは移動を行うのがふつうである）のうえに、仔熊飼育型熊送りという宗教的側面と金属製品を主とした和産物への依存という経済的側面が生産を媒介にして結合することによって、近世のアイヌ文化と社会は成立する。

本州アイヌの場合はどうであったのか。弘前藩《ひろさきはん》の「国日記」▲寛文《かんぶん》二（一六六二）年三月二日条には「狄《えぞ》」が御目見《おめみえ》のときに「熊ノ子」を献上したという記事がみられる。これは、津軽《つがる》アイヌによる献上記録の最初である。この「熊ノ子」の献上は、和人の論理ではなく、アイヌの人びとの価値観念によっていると考えることができる。本州アイヌは、この時点で仔熊飼育を行っていたことがわかる。

一七一七（享保二）年、奥羽《おうう》・松前《まつまえ》を幕府《ばくふ》巡見使《じゅんけんし》▲が訪れている。その一人高《たか》城《ぎ》孫《まご》四郎《しろう》は「奥羽出羽《でわ》松前巡見覚《おぼえ》」という記録を残したが、同年六月十四日条に宇田《うだ》村（石崎村〈外ヶ浜町〉の枝村）の記述がある。それによると、①同村に「狄二

▼「国日記」　弘前藩藩庁日記のうち国許《くにもと》で記されたものを「国日記」と称する。弘前市立図書館蔵。

▼幕府巡見使　巡見使としての記録が『松前蝦夷記』である。

軒」があり、②「くねきらた」「やうかいん」の二人が戸主でそれぞれ俗名として「伝蔵」「ふく」を名乗っていること、また、③「ヲンコ」でつくった一メートルほどの長さの「半弓」を所持し、④矢は四五センチほどの竹の根本を用い、「わたくり」(腸繰)尖根《とがりね》の鏃《やじり》のもとの両側にさかさに刃をつけたような六センチほどの鏃を用いること、⑤鏃には、毒が塗られ、⑥熊猟を行い、毒は熊が死ぬと傷口にかたまり、⑦襟に木の皮で織られた袈裟《けさ》のようなものをかけること、が記されている。

細部は不明であるが、津軽アイヌも熊猟を行い、その際には矢毒(スルク)を用いており蝦夷地《えぞち》アイヌ同様の狩猟技術＝文化をもっていたことがわかる。ただ、⑦がアイヌの人びとの衣服をいったものか、狩った熊にかけたものかは明らかではない。この史料からは即断できないが、熊の子の献上とあわせ考えれば、本州アイヌもまた宗教儀礼としてのイオマンテを共有していたとみることも可能になってくる。

また、この時期にあって、アイヌ文化、あるいはそれに関わりをもつと思われていたものの広がりは大きい。アイヌの人びとはマレクの使用によって確実

▼ヲンコ　「いちい」の異名でアイヌ語による。

な漁労を行ったが、大量にサケを漁獲しえたのは実際には引き網や川の瀬にくいを打ちならべて水をせき止め、一カ所をあけて簀《す》を張り、魚をそこに受けてとる簗《やな》の仕懸《しか》けであるウライによるものである。弘前藩は延宝《えんぽう》三(一六七五)年に簗の設置に対する課税を定めたがそこには「狄《えぞ》やな」が記され、宝暦《ほうれき》期(一七五一～六四)の「家業役銀定《かぎょうやくぎんさだめ》」にも「鮭留《さけとめ》」とは別に二カ所の「狄やな」に対する役銀が規定される。「狄」は、本州アイヌを含むアイヌの人びとの呼称として用いられていた。この簗がどのようなものであったかは不明であるが、この地域に定着した漁法であったことが知られる。検討は要するが、本州における生産に密着したアイヌ文化の受容の一つと考えることも可能であろう。▲

　アイヌ文化は、このように大陸や本州の文化との関わりのなかで生まれてきた文化ではあるが、あくまでも独自の展開をとげたものであり、したがって本州の時代区分である近世を冠して近世のアイヌ文化、近世のアイヌという表現は本来的には正しいものではない。本書ではあくまでも、近世という本州の時代区分に相当する段階のアイヌ文化、あるいは同時代の人びとという意味で便宜的に表現している。

▼本州アイヌとその文化　本州アイヌとその文化を、蝦夷地のアイヌのそれらとア・プリオリに〝民族性の一体〟という思い込みから安易に共通点や相違点を比較検証しても意味はなく、本州という地での和人勢力との濃厚な接触を通じて、いかに本州アイヌが歴史的に形成された文化的共同体＝「エトニ」(ethnie)としての独自の歴史を形成してきたのかを問うことが重要である。

②東北アジアのなかのアイヌ民族

十二〜十五世紀の東北アジアとアイヌ民族

十二世紀前半、のちにアイヌ民族を形成する人びとが担い手であったと考えられている擦文《さつもん》文化は、北海道全域に拡大しさらにサハリンに進出する。このことによって、サハリンのニヴフ(ギリヤーク)とアイヌとのあいだの抗争が引き起こされる。元《げん》はアムール川下流域のティルに「東征元帥府《とうせいげんすいふ》」をおき奴児干《ヌルガン》を拠点としたほか、サハリン南端の果夥《クオフオ》に前進拠点をおいていた。この時期にはサハリンのニヴフはすでに元に「内附《ないふ》」(服属)しており、ニヴフを含むアムール川下流域の諸民族とともに、アイヌは「骨嵬《クギ》」(クイ・クウェイ)として元に認識されるようになった。

十三世紀半ばにはアイヌ(骨嵬)がサハリンに渡り、ニヴフ(吉里迷《ギリミ》)を毎年襲撃するので、一二六四年にはフビライが軍を送りアイヌを征した。以後、一二八四年から八六年にかけて元は毎年軍を送ってアイヌ征討を試みている(『元史』巻五)。この間に、日本に対する元寇《げんこう》が位置し、その失敗とともにまたサハ

▼**ニヴフ**　アムール川下流域とサハリンに居住する民族。複数形ではニヴヒ。かつてはギリヤークといわれた。二十世紀初めの生業は、鮭《さけ》・鱒《ます》漁と狩猟、海獣狩猟と採集経済を主とし定住形態をとる。

▼**骨嵬**　アイヌ民族の形成が十三、四世紀とされる以上、「骨嵬」＝アイヌと図式的にはとらえられない。のちにアイヌ民族を形成した人びとを中心とした集団としてみる必要があり、ここではその意味でアイヌと表記する。

▼**フビライ**　Khubilai（一二一五〜九四)。モンゴル帝国の第五代皇帝(在位一二六〇〜九四年)で元朝の初代皇帝(在位一二七一〜九四年)。世祖《せいそ》。一二七六年、南宋を滅ぼして中国を統一し、中央集権体制を確立した。またカンボジア・ビルマなどを征し、また日本征服を企てるなど帝国の版図《はんと》を拡大した。

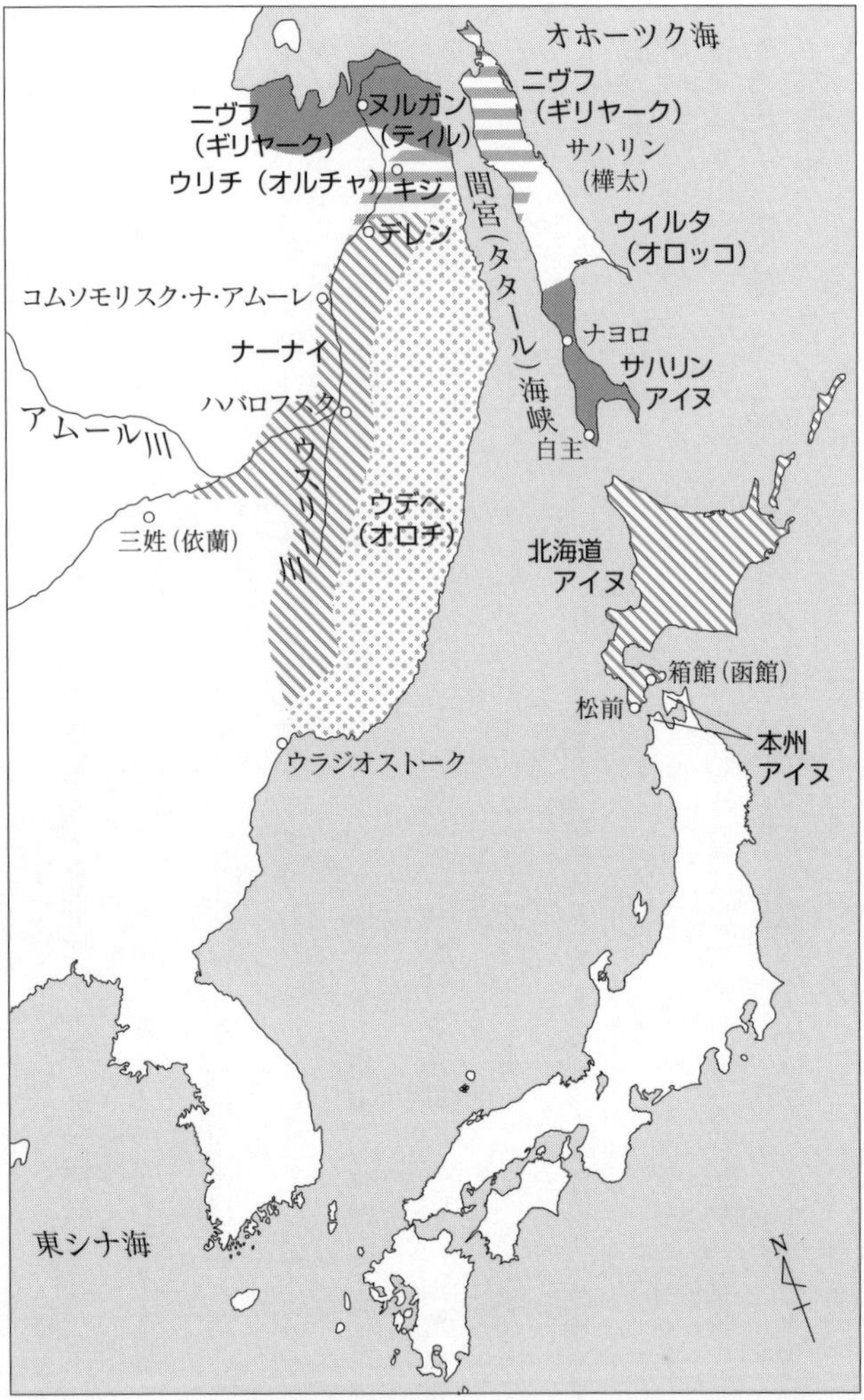

●──アムール川下流域と東北アジア（青森県立郷土館『蝦夷錦と北方交易』より一部改変）

リンへの侵略が行われた。その後、一二九七年から一三〇五年にはアイヌが大陸にわたり元軍と交戦したが敗北したと記録される。「骨嵬」が元に服したのは一三〇八年からで、毎年、元に毛皮を朝貢《ちょうこう》することを約したが不安定なままであった。

この時期にアイヌ社会では、土器《どき》文化から近世的なアイヌ文化へと急速な変化をとげるが、その背景には、本州の和人《わじん》社会との活発な交易活動による金属器・漆器《しっき》・衣類・米・酒などの多量の流入があり、和人社会への依存度を強めつつもニヴフなど北方の周辺諸民族への経済的な優位性を高めたことが、サハリン進出を可能とした要因と考えられる。

一四一三年の『勅修《ちょくしゅう》奴児干《ぬるかん》永寧寺《えいねいじ》記《き》』の女真《じょしん》▲碑文は、アムール川河口の奴児干(ティル)から海を渡ったサハリンにアイヌが居住していることを記している。「骨嵬」と史料にあらわれたアイヌは大陸の国家との決定的な対立は避けながらも、一三六八年に明《みん》が北京《ペキン》をおとしいれて元をモンゴルに逐《お》い、満州を拠点とした元軍が八七年に壊滅し、奴児干に駐屯した元軍も孤立・衰退するなど元・明交代間の国家権力支配の空白が続いた十四世紀初頭から十五世紀初頭にかけ

▼**女真**　女直《じょちょく》。十世紀以降、東部満州《まんしゅう》にあらわれたツングース系の狩猟・牧畜民族で、粛慎《しゅくしん》・靺鞨《まっかつ》と同系統。十二世紀初め阿骨打《アクダ》が諸部族を統一して一一一五年に金《きん》を建て、遼《りょう》・北宋《ほくそう》を滅ぼして、満州・華北《かほく》をあわせ、南宋と対峙《たいじ》した。一二三四年、モンゴルに滅ぼされる。十七世紀に女真の一部族の建州《けんしゅう》女真が起こり、ヌルハチが後金《こうきん》を建てて明と対立、のち中国を制覇して国名を清《しん》と改める。女真文字は、漢字および契丹《きったん》文字を基とし十二世紀に成立した。現在まだ完全には解読されていない。

て、サハリンへ進出し定着したと考えられる。

元のあとをうけた明は、成祖永楽帝《せいそえいらくてい》▲が中国東北部支配の拠点として一四〇九(永楽《えいらく》七・応永《おうえい》十六)年にアムール川下流域のティルに奴児干都司《とじ》を設け、サハリンにも三つの衛《えい》(軍事拠点)をおいた。一四一三年には「内官」(宦官《かんがん》)の亦失哈《イシハ》をアムール川流域からサハリンにまで遣わし、サハリンの諸民族・ウイルタ(オロッコ)・ニヴフ(ギリヤーク)・アイヌの諸民族首長《しゅちょう》層の明への服属を強要、朝貢を義務づけ、この関係は十六世紀まで続く。

明は一四一三年から三二年までに、亦失哈を九回にわたってアムール川下流域に派遣し、周辺の諸民族の明朝への服属をはかった。とくに『永寧寺記』に記される第二回の遠征では、「海外苦夷」の諸民におよぶまで、すなわちサハリンにまでいたって「衣服・器用」「穀米」をあたえて「賞賚《しょうらい》」した。明による「賞賚」は、東征元帥府をおいた元にならって奴児干に軍政を兼務する都司をおき、アムール川下流域とサハリンの少数民族に対して羈縻《きび》▲政策を行い、招撫《しょうぶ》に応じた首長層を衛所《えいしょ》の官として毛皮などの「歳貢《さいこう》」(朝貢品)をおさめさせ、絹《きぬ》・帛《はく》・紵糸《ちょし》▲あるいは金糸の襲衣《しゅうい》▲などを大量に下賜《かし》した。これらの下賜品は、北東アジア諸民

▼永楽帝　明第三代皇帝(一三六〇〜一四二四、在位一四〇三〜二四年)。太宗《たいそう》。成祖。洪武帝《こうぶてい》の第四子。姓は朱《しゅ》、名は棣《たい》。燕《えん》王に封ぜられたが、洪武帝没後、靖難《せいなん》の変《へん》により恵帝《けいてい》を敗死させ、みずから帝位について年号を永楽と改め、北京に遷都。内政では、中央集権を強化し、『永楽大典』など大部な図書を編集させ、学術を奨励した。

▼羈縻　羈縻とは、羈＝馬のたづな、縻＝牛の鼻につけて引く綱、を意味する。

▼帛・紵糸　帛は、きぬ、あるいはにしき、紵糸は麻の一種であるいちびで織ったあさぬの。

▼襲衣　ひとそろいの衣。

▼津軽外が浜　津軽半島のうち陸奥《むつ》湾沿岸部。

▼津軽十三湊　津軽半島北西部、岩木《いわき》川河口に位置する。正和《しょうわ》年間

族との文化接触による交易品ともあわせて、環日本海地域北方の交易圏との接触のなかで蝦夷島《えぞがしま》から本州へともたらされた。

十五〜十六世紀のアイヌ民族と和人社会

鎌倉《かまくら》末期の十四世紀前半から南北朝《なんぼくちょう》時代の十四世紀半ばには「蝦夷島」へ和人の居住が始まる。『諏訪大明神絵詞《すわだいみょうじんえことば》』によっても、松前《まつまえ》・箱館《はこだて》の「蝦夷」が津《つ》軽外《がるそと》が浜《はま》▲(北条得宗領《ほうじょうとくそうりょう》)と交易関係にあったことがわかるが、室町《むろまち》期には津軽十《と》三湊《さみなと》▲(五所川原市)が「三津七湊《さんしんしちそう》」に数えられ、十四世紀には箱館—津軽—十三湊—上方《かみがた》(若狭《わかさ》)の海運ルートが形成されつつあった。一三三四(元弘《げんこう》四)年の『庭訓《ていきん》往来《おうらい》▲』には「夷鮭《えぞさけ》」「宇賀昆布《うがこんぶ》▲」がみられ、この期には上方にかなり流通していることが知られる。箱館地方は、若狭を結節点とする日本海商品流通圏の最北端に位置づけられたのである。

和人領主は、箱館・松前・天の川《あまのがわ》(上ノ国《かみのくに》・江差《えさし》)の三つにグループ化されるが、館は箱館に集中していた。一九六八(昭和四十三)年に志苔館《しのりたて》▲付近より宋《そう》・明から若狭・十三湊を経由してもたらされたと考えられる埋蔵銭約四〇万枚が

(一三二二〜一七)以降、外が浜・津軽半島北部・下北半島・津軽鼻《はな》和《わ》郡の一部を領有した得宗被官《ひかん》で蝦夷管領《かんれい》代官であった安藤氏が福島城を築き拠点としていた。

▼『庭訓往来』　室町前期の往来物で一巻。応永年間(一三九四〜一四二八)ごろの成立、玄恵法印《げんえほういん》の作と伝えるが疑問。往復書簡の形式で、武士の日常生活に関する諸事実・用語を素材とする初等教科書として編まれた。室町・江戸《えど》時代に広く流布した。

▼宇賀昆布　宇賀は亀田《かめだ》半島南海岸部の小安《おやす》村(函館《はこだて》市)ウンカ川付近で、この地産出の昆布。

▼志苔館　函館市志海苔《しのり》町、函館市東部、函館空港滑走路南側、津軽海峡に面して所在。道南十二館の一つで小林太郎左衛門良景《たろうざえもんよしかげ》を城主としたとされるが、一四五七(長禄《ちょうろく》元)年のコシャマインの蜂起の際に落城。国史跡。

▼『後鑑』　近世後期の歴史書。三四七巻、付録二〇巻。成島筑山《なるしまちくざん》らの編で、一八五三(嘉永《かえい》六)年成立。室町幕府の歴史を中心に、一三三一(元弘元)年から一五九七(慶長《けいちょう》二)年までの史実を編年体で示し、各条に重要史料をおさめる。

●―志苔館

出土した。商品流通に依存する形で蝦夷島に封建的《ほうけんてき》支配が成立し、とくに北陸・近畿出身の豪商が道南に進出し商品流通上の拠点である河川河口部を押さえ領主として成長した証しでもある。

こうしたアイヌ民族との交易を、津軽十三湊を中心に、南は日本海沿岸部の秋田土崎《つちざき》・男鹿《おが》半島、北は津軽・下北《しもきた》半島から「夷島」まで統括したのが「日《ひ》の本《もと》将軍」と称した安藤《あんどう》氏(安東氏とも記述される)であり、十五世紀前半ごろに最盛期を迎え、『後鑑《のちかがみ》』▲によると幕府に馬二〇匹・鳥五〇〇〇羽・鵞眼《ががん》(銭)二万匹・海虎皮《らっこ》三〇枚・昆布五〇〇把を献上し勢威を示した。しかし、安藤氏は一四三二(永享《えいきょう》四)年ないしそれ以前に南部《なんぶ》氏に追われ、本拠地の津軽十三湊を放棄し「エソカ島」へ逃走した。この間、道南では、十五世紀半ばごろまでに津軽安藤氏の動きを媒介にその支配下の豪族が渡島《おしま》半島西南部に館を築いて割拠態勢にはいる(道南十二館《どうなんじゅうにたて》)。

十五世紀前半には、安藤氏とその家臣《かしん》である道南の館主による割拠によって、蝦夷島内部の和人集団とアイヌ民族とのあいだに政治・経済的な衝突が起こってくる。蝦夷島への敗走以後、安藤氏は蝦夷島内部のアイヌ交易への依存を強

●——道南十二館の分布（松崎水穂「道南の和人の館」『よみがえる中世4』による）
①戸井《とい》館、②汐泊《しおどまり》チャシ、❸志苔館、④与倉前《よくらまえ》館、❺箱館、⑥矢不《やふ》来《らい》館、❼茂別館、❽中野《なかの》館、❾脇《わき》本《もと》館、❿穏内《おんない》館、⓫覃部《およべ》館、⓬大館、⓭禰保田《ねぼた》館、⓮原口《はらぐち》館、⓯比石《いし》館、⑯上ノ国ワシリチャシ、⑰勝山《かつやま》館、⓲花沢館、⑲洲崎《すざき》館、⑳泊《とまり》館、㉑国分《こくぶん》館、㉒奥尻宮津《おくしりみやづ》チャシ、㉓瀬田内《せたない》チャシ。

める一方、南部支配地となった十三湊や下北へのアイヌの渡航を統制したと考えられる。各館主層もまた、アイヌ交易や和人零細漁民の漁業生産の産物と若狭地方をはじめとする日本海沿岸諸湊との交易を経済基盤とした。各館主は、たがいに対立しながら、特定のアイヌとの交易を強め交易圏を拡大した。こうした流れのなかで、交易の主導権はしだいにアイヌから館主に移り、また略奪的になっていった。

アイヌ民族は領域、あるいは生産・生活の「場」としてのイウォルをもつ。それはキムン・イウォル（山の狩漁猟採取場）とペツ・イウォル（川の漁場）からなるヤウン・イウォル（陸の狩漁猟採取場）と、レプン・イウォル（海の漁場）からなる。領域としてのイウォルの境界は分水嶺《ぶんすいれい》とその川筋の両側を画する山稜《さんりょう》および河口の海浜である。イウォルの専有者は、河川流域に存在するコタン（共同体）であり、家族の専有も併存する。十五～十六世紀前半には和人によるイウォルへの侵入が起こり、アイヌ民族の生産基盤の破壊が始まる。それは、道南十二館の所在地が河川河口部に集中していることからも推しはかられよう。

さらに、道南の河口部を中心として、本州と蝦夷島の商品流通の結節点として商業都市化した湊では、出入りする和人・アイヌの商船・交易船に対して一定の税を課し徴収する権利を誰が(館主間の誰かか、アイヌか)領主的に独占するかが争われた。このこともまた、十六世紀半ばにかけて和人勢力とアイヌ勢力とのあいだに抗争が勃発する要因となった。

この安藤氏と各館主による抑圧状況が強まっていた一四五六(康正《こうしょう》二)年に、安藤氏が蝦夷島から秋田小鹿島《おがしま》へと移動するという政治的空白が生まれる。道南の館主のなかでは大館《おおだて》(松前《まつまえ》)の下国定季《しものくにさだすえ》、茂別《もべち》館の下国家政《いえまさ》、花沢《はなざわ》館の蠣崎《かきざき》季繁《すえしげ》が有力で、『新羅之記録《しんらのきろく》』▲では一四五六年に安東《あんどう》(安藤)政季《まさすえ》は秋田の小鹿島に移る際、「下の国」を弟の下国家政、「松前」を下国定季、「上の国」を蠣崎信広《のぶひろ》(季繁が妥当)にあずけ、それらを守護《しゅご》としたという。十五世紀半ばごろまでに安藤氏と各館主は、下国定季・下国家政・蠣崎季繁(守護職)を介した安藤氏—守護職—館主という三つの政治支配階層から成り立つようになっていたのである。

しかし、安藤氏の蝦夷島退去は、和人側の結束をゆるがせ、これを契機に一四五七(康正三)年、この時期最大の蜂起となったコシャマインの蜂起が勃発す

▼『新羅之記録』　松前景広《かげひろ》著。近世初期成立の、信広以来一六四六(正保《しょうほう》三)年にいたる蠣崎・松前氏の記録。

る。志海苔での鉄製品の適正な交易価格をめぐるトラブルから起こったとされるこの蜂起によって、箱館地域の和人拠点は壊滅した。館主間の割拠はくずれ、決定的な攻撃をまぬがれた蠣崎季繁の客将《きゃくしょう》武田信広《たけだのぶひろ》が蠣崎氏を相続し軍事指導者として、上ノ国周辺に集住するようになった残りの各館主に優位するようになる。そして以後ほぼ一〇〇年間続くアイヌ蜂起を乗りこえ、道南に和人の統一権力を形成していく。

蠣崎氏は、一五一四(永正《えいしょう》十一)年、一族・家臣をあげて上ノ国から松前の大館に移り、檜山《ひやま》安藤(安東)氏から代官《だいかん》として認められ、現地支配者の位置を獲得した。そしてアイヌ民族とのあいだに講和を成立させることに成功する。それが、天文《てんぶん》二十年体制と呼ばれるアイヌ民族との緊張緩和の実現である。一五五一(天文二十)年の「夷狄《いてき》の商船往還の法度《はっと》」は和人の居住空間を松前中心のきわめて狭い範囲に限定したものの、①戦争状態に終止符を打ち、安定的で独占的な対アイヌ交易体制をつくりだし、②事実上の土地分割として「和人地」を創出し、③アイヌ交易の場を松前に限定することで、蝦夷地《えぞち》に限ってではあるが安定的なアイヌ交易独占体制を保障することに成功する。

蝦夷をみる目

中世における「蝦夷」は、アイヌという民族概念そのものではとらえられておらず、「日本国」の境界である津軽外が浜・蝦夷島に追放された存在と同一視されるなど、多義的な観念から成り立っていた。「蝦夷」という観念を生み出したのはあくまでも、中世国家とアイヌ民族との直接的な関係の発生にあり、十四世紀半ばには具体的な認識も生まれてくるが、アイヌの人びとが文字をもたなかったため、それは同時代の和人の記述や記録による一方的なものでしかない。

アイヌ民族を記した本州の最初の史料は室町初期の一三五六(延文《えんぶん》元)年に、諏訪《すわ》(小坂《こさか》)円忠《えんちゅう》を発願者として成立した『諏訪《すわ》大明神《だいみょうじん》絵詞《えことば》』である。本来は、藤原隆盛《ふじわらたかもり》らが描いた絵と詞書《ことばがき》による信濃国一宮《しなののくにいちのみや》諏訪神社の縁起絵巻《えんぎえまき》であるが、原本は一五八七(天正《てんしょう》十五)年以後失われ、現在は詞書のみが写本の形で伝えられる。東北の大海の中央に「蝦夷カ千島《ちしま》」があり「日ノ本《ひのもと》」「唐子《からこ》」「渡党《わたりとう》」の三類の蝦夷が群居する。「日ノ本」と「唐子」は外国に連なり、風貌は夜叉《やしゃ》のようであり、禽獣《きんじゅう》・魚肉を食として農耕を行わない。そして、言葉はまったく通じない。一方、「渡党」は和国《わこく》の人に似て、言葉も大半は通じるが、髭面《ひげづら》多毛な人という。

また霧を起こす術を心得ていたり、山野を獣のように走ることができ、毒矢を用いて武器にしたり、木を削って幣帛《へいはく》のようなものをつくる。「宇曽利鶴子洲」(ウショロケシ、ウスケシ。入り江の末端＝現在の函館、または下北半島)、「万当宇満伊犬」(マトマイ。現在の松前)という小島があり、「渡党」は多く「津軽外が浜」に往来し交易していると記される。

「日ノ本」を道東のアイヌ、「唐子」を西海岸のアイヌとするものから、アイヌより北方に位置する諸民族にあてる見方もあるが、「渡党」については明らかに北海道南部の住人であり、なかには奥州《おうしゅう》藤原氏の滅亡などによって東北から「夷島」に逃げ渡った人びとや流刑者の末裔も含まれると考えられる。

失われた『諏訪大明神絵詞』の絵を補い、中世人がみた「蝦夷」像を知りうるものとして『聖徳太子絵伝《しょうとくたいしえでん》』がある。もと法隆寺東院絵殿《ほうりゅうじとういんえでん》の内壁をかざり、現在では東京国立博物館蔵の国宝「綾本著色《りょうほんちゃくしょく》聖徳太子絵伝」は、一〇六九(延久《えんきゅう》元)年二月から五月までのあいだに摂津《せっつ》国大波《おおなみ》郷住人秦致貞《はたのちてい》によって描かれたもので、五八一(敏達《びだつ》天皇十)年の蝦夷襲来を画題とした絵伝の第二面には、三人の蝦夷が描かれている。蝦夷は、鳥の羽を身につけたり、前髪がなくかつ総

●—『聖徳太子絵伝』のなかの蝦夷

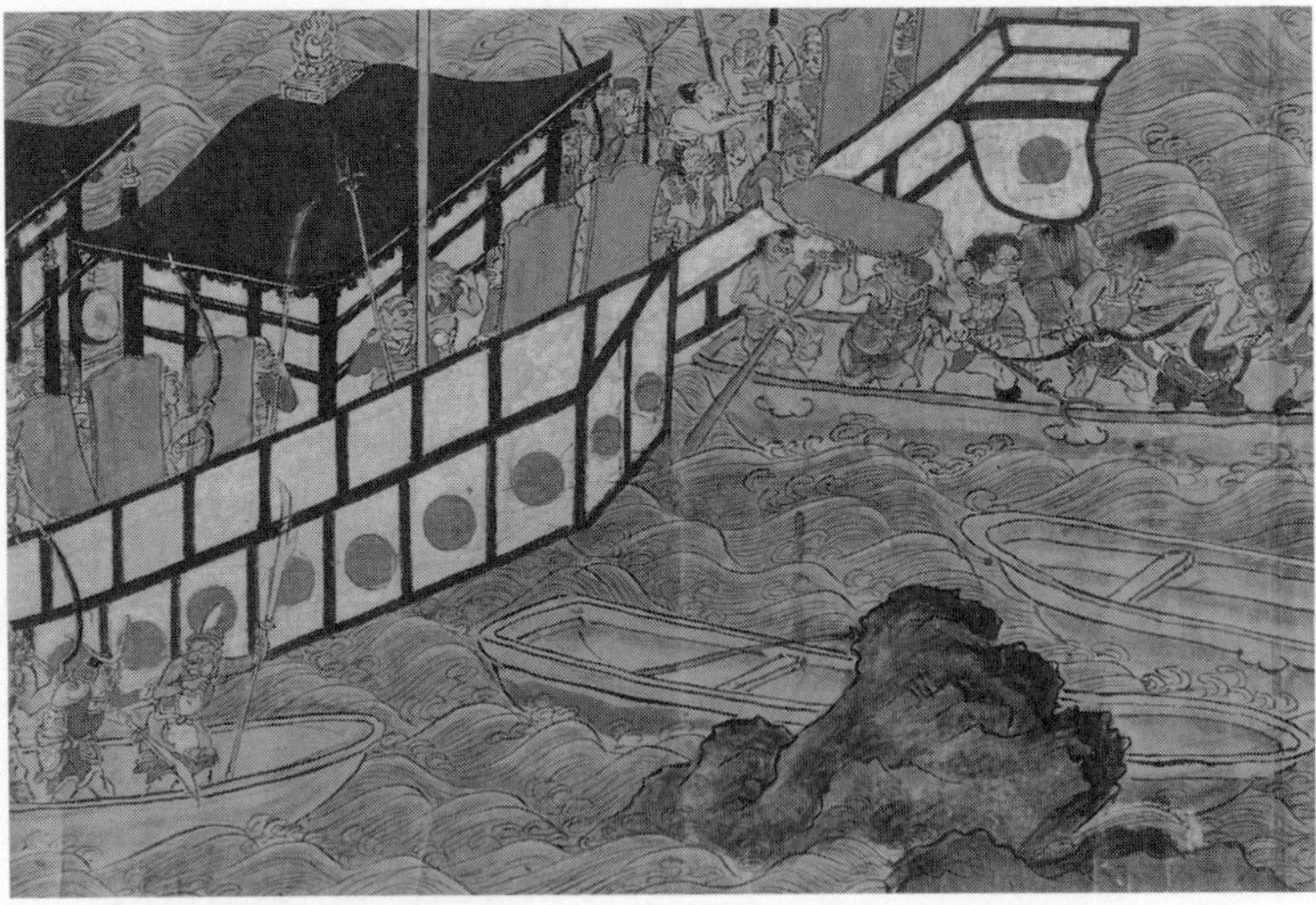

●—『清水寺縁起』のなかの蝦夷

髪で、素足で足には体毛とおぼしき描写、立て膝・胡坐《あぐら》のような坐《すわ》り方をし、手を合掌《がっしょう》のようにくみ前に伸ばしており、太子などとは明らかに風俗の異なる存在として描かれる。

さらに、まったく都人《みやこびと》のイメージが先行したものとして、一五一七（永正《えいしょう》十四）年ごろ、大和絵《やまとえ》を大成した土佐光信《とさみつのぶ》▲によって描かれた『清水寺縁起《きよみずでらえんぎ》』がある。そこに描かれた蝦夷は口は耳までさけ、尖《とが》った耳をもつ邪鬼《じゃき》＝仏敵《ぶってき》、あるいは『蒙古《もうこ》襲来《しゅうらい》絵詞《えことば》』を想起させるモンゴル的な弓や楯《たて》、海上の大船から小船に乗り移り攻めよせる構図など国土を侵略する異人のイメージを強調させる。中世人が偏見や蔑視をもって描いたそれらについては、より一層の史料としてのテキスト・クリティクが必要である。そのためには、考古学や民族学の成果も踏まえ、なにより現代的な問題関心からの、アイヌ文化成立期の人びとの歴史と文化そのものに対する理解が求められてくる。

▼**土佐光信**　生没年不詳。室町中期の大和絵画家。一四六九～一五二三（文明《ぶんめい》元～大永《だいえい》三）年にかけて宮廷《きゅうてい》の絵所《えどころ》の預《あずかり》の職にあった。室町幕府の大和絵関係の御用を務め、題材・技法の領域を拡げ、大和絵の形式を豊かにし、諸階級に適応する絵画に改革、土佐派の地位を確立した。

③——アイヌ民族と近世日本

アムール川下流域の諸民族と二つの帝国

十七世紀の東北アジア諸民族の帰属をめぐる、ロシアと清朝《しんちょう》間の争いはアムール川下流域を舞台として展開された。

清による支配は、十七世紀初頭の「辺民《へんみん》」制度▲の成立によって、一六四四年以降本格化し、アムール川下流域からサハリン北部にまでおよぶこととなった。ただし、それは順調に展開したわけではない。清が明《みん》を圧倒し入関する前後には、毛皮・銀の獲得を目的とするロシアの東北アジアへの進出が本格化したからである。

一六四三年に、V・ポヤルコフがアムール川探検を開始、四四年に河口に達する。この時期、清は明の滅亡と北京《ペキン》への遷都、満州《まんしゅう》族の華北《かほく》移住を行っており、アムール川下流域に勢力をおよぼせる状況にはなかった。この状況をみて、一六四九年、オホーツク知事の命を受けたE・ハバロフはアムール川にそって南下して少数民族を略奪し、アムール川下流域のアチャンに本拠をおいた。

▼**「辺民」制度**　清は服属した諸民族を盛京《せいきょう》など都城《とじょう》に移して軍事・行政組織である八旗《はっき》に編入したが、アムール中下流域・サハリン北部の諸民族は「辺民」としてその地にとどまらせ、軍役のかわりに各戸年間一枚ずつの貂皮《ちょうひ》の進貢を義務づけ、見返りに布地・櫛《くし》・針・木綿糸《もめんいと》・ボタンなどをあたえた。

ハバロフのあとのステパノフも、ヤサク▲によって毛皮や食糧を取り立てた。一六五八年、清が軍事的勝利をあげようやく小康状態となったが、六五年にふたたびロシア人の進出が始まり、三藩《さんぱん》の乱《らん》▲によって南に勢力を向けていた清はその鎮圧後にこれを逐《お》い、八九年にネルチンスク条約▲を結んでロシア勢力の駆逐《くちく》に成功する。

清によるアムール川下流域の諸民族の「辺民」化は、ネルチンスク条約締結後急速に進みサハリン北部にまでおよぶが、その確立は十七世紀後半から十八世紀にかけてまで待たなければならなかった。

清はアムール・サハリン支配の拠点を三姓《さんせい》におき、諸民族の朝貢《ちょうこう》業務を行ったが、出張所として役人を派遣した。その代表がデレンの「満州仮府《かりふ》」である。清朝のアムール・サハリン支配が確立すると、この朝貢交易を基本に十八世紀から十九世紀にかけてアムール川下流域とサハリンを舞台に、サンタン人と呼ばれたアムール川下流域の住民(現在のウリチにつながる人びと)やサハリンの住民が、清や日本を相手に絹と毛皮を中心とする交易を展開した。これをサンタン(山丹)交易という。

▼ヤサク　毛皮による人頭税。支払いが拒否されると婦女子を人質として家畜・財産・毛皮などを略奪した。

▼三藩の乱　一六七三年から八一年にいたる清に対する反乱。雲《うん》南《なん》の呉三桂《ごさんけい》・福建《ふっけん》の耿精忠《こうせいちゅう》・広東《カントン》の尚之信《しょうししん》が廃藩《はいはん》の議などに反対して挙兵。反清復明《はんしんふくみん》を旗印に華南の一〇省を席巻《せっけん》したが、康熙帝《こうきてい》により鎮定《ちんてい》された。これによって清の中国支配が確立した。

▼ネルチンスク条約　一六八九年、シベリア東南部、チタの東方、アムール川支流のシルカ川左岸のネルチンスクで、清とロシアのあいだで結ばれた、アルグン川と外《がい》興安嶺《こうあんれい》を境とする両国国境の画定、通商・出入国規定、逃亡者処理などを内容とする条約。

十七世紀のアムール川下流域、あるいはサハリンの諸民族を介した蝦夷地《えぞち》およびアイヌ民族と大陸との関わりは、明・清交替という変動だけでなくロシアの進出という事態が複雑に絡みあったものであることが理解される。そのことは、この時期には「辺民」制度が必ずしも安定的なものではなく、のちにサンタン交易として知られる北方諸民族を介しての大陸からの物資の供給も必ずしも順調なものではなかったことを意味している。それは、蝦夷地のアイヌ諸集団が必要とする非自給品が、必然的に一層、この時期には本州社会からの安定的な供給に依存せざるをえなかったことに結果するのである。

近世日本国家の成立と松前・蝦夷地

かつて、中世末期には北東北から東の地は総じて「ひのもと」と呼ばれていた。それは、東の境であった陸奥《むつ》の国の果てと重なりあった曖昧《あいまい》な中世国家の境界でもあった。この「ひのもと」に重なりあうように、サハリン・千島《ちしま》・蝦夷地から津軽《つがる》・下北《しもきた》半島にかけてまとまりをもった生活圏をもっていたのがアイヌの人びとであった。

近世には、この重なりあった曖昧な境界地域は、蝦夷地―松前《まつまえ》と北奥《ほくおう》地域に分離された。こうした地域編成は松前藩の成立と表裏をなしており、それは松前氏による蝦夷地(アイヌ)交易の独占体制への指向に裏づけられていた。その時期は、南部利直《なんぶとしなお》書状(「宝翰類聚《ほうかんるいじゅう》」乾)によって北奥からの蝦夷地渡航が松前藩により阻止されたと考えられる一六一五(元和《げんな》元)年から、蝦夷地アイヌの本州への交易が盛岡藩家老席日誌《もりおかはんかろうせき》「雑書《ざっしょ》」によって最終的に確認しうる正保期《しょうほう》(一六四四～四八)にかけてであった。

こうして、北の世界に一体的に生活圏を形成していたアイヌの人びとは、松前藩の独占的交易対象地としての蝦夷地、松前藩の再生産を直接支える松前地、そして石高《こくだか》制と兵農分離《へいのうぶんり》制が貫徹する盛岡・弘前《ひろさき》藩に支配される下北・津軽両半島を中心とする北奥地域にその存在を三分化されることとなった。

統一政権としての豊臣《とよとみ》政権が、一五九三(文禄《ぶんろく》二)年、蠣崎《かきざき》氏にあたえた朱印《しゅいん》状《じょう》はつぎの二点を内容としていた。①和人《わじん》のアイヌに対する非法行為を禁止し、蠣崎氏による取締り権を認める。②松前での船役《ふなやく》徴収権(入港、あるいは通行する船への課税権)を蠣崎氏の独占とする。

これは、朝鮮侵略過程で蝦夷地までも軍役《ぐんえき》動員体制に組み込もうとする豊臣政権と、中世以来の秋田安藤《あんどう》(東)氏の代官《だいかん》としての位置付けを脱し自立した蝦夷地支配権の安堵《あんど》を求める蠣崎氏の意図との合致がもたらしたものであった。本州の大名《だいみょう》があたえられた知行《ちぎょう》安堵の朱印状とはまったく様式を異にしているが、豊臣政権下にあっては船役徴収権を認められたのは大名領主のみであるから、実質的にこれは蠣崎氏に松前・蝦夷地に対する大名領主権を認めたものにほかならない。

ついで、徳川家康《とくがわいえやす》は一六〇四(慶長《けいちょう》九)年に松前氏(蠣崎氏が姓を改める)に黒《こく》印状《いんじょう》を発給している。この文書は松前藩の藩政を規定したものとして、とくに「制書《せいしょ》」と呼ばれる。その内容は、①松前氏に独占的な蝦夷地交易権を保障し、②幕府《ばくふ》―松前藩―蝦夷地(アイヌ民族)の関係を規定するものであったが、なお③第二条「付《つけたり》」でアイヌの〝自由往行〟を認めていた。以後、将軍の代替わりごとにほぼ同内容の朱印状が発給された。

松前藩は大名知行権▲が蝦夷地交易権の独占にとどまり農業生産に立脚しない特異な藩で、財政基盤はアイヌ交易と松前三湊《さんそう》(松前・箱館《はこだて》・江差《えさし》)出入り諸商

▼**松前藩の大名知行権**　ただし、松前藩は無高であり、近世初頭は「蝦夷島主」として「賓客」の待遇、五代将軍綱吉《つなよし》のころから七〇〇〇石級の「交代寄合」の格となった。正式な大名としての認知は、一七一九(享保《きょうほう》四)年、一万石格となってからである。参勤交代《さんきんこうたい》も一六九九(元禄《げんろく》十二)年までは三年一勤ないし六年一勤で、以後は六年一勤となっている。

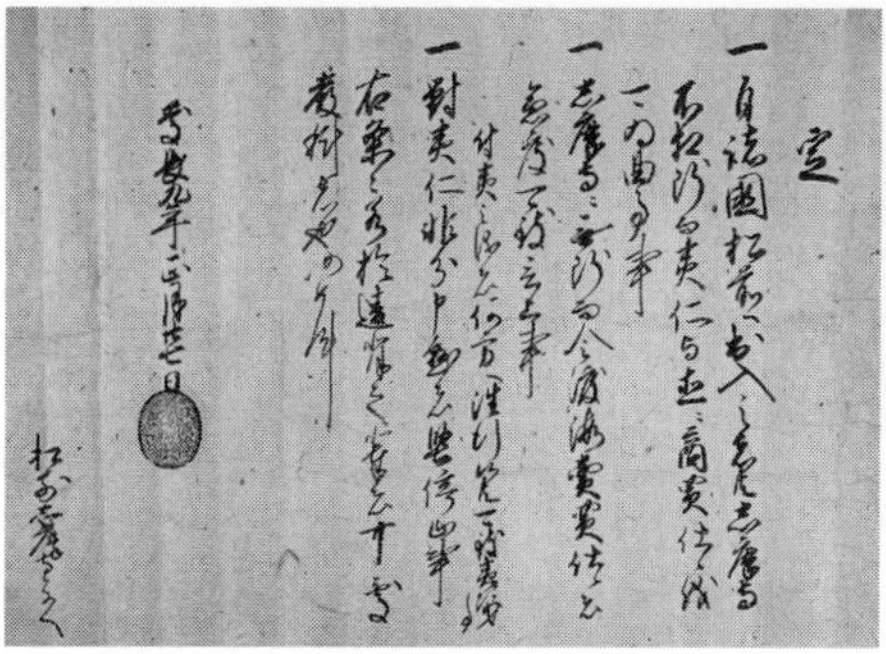

●—徳川家康黒印状

船への課税にあった。幕府によるアイヌ交易権の付与という「御恩《ごおん》」に対する、松前藩の「奉公《ほうこう》」＝軍役奉仕は、対外国境防衛の役としてアイヌ民族に対し実効的かつ持続的な軍事力を保持・機能させることであった。

近世の成立から、外圧によって蝦夷地の幕領《ばくりょう》への編入が行われた十八世紀末期までの近世国家の対蝦夷地関係は、幕府—松前藩—アイヌ民族の三者間の関係として理解される。寛永《かんえい》の鎖国令《さこくれい》をへて確立した近世の外交体制の一環として対蝦夷地関係は編成されるが、対外主権者である幕府が長崎奉行《ぶぎょう》を通じて独占掌握したオランダ・中国との通商関係を除けば、隣接する国家・民族との関係では、いずれも直接に対応するのではなく特定の大名を介在させて(朝鮮—対馬《つしま》＝宗《そう》氏、琉球《りゅうきゅう》—島津《しまづ》氏、蝦夷地—松前氏)、これら大名への「委任」として外交関係が成り立っていた。

隣接する国家と民族との対外関係のもち方は、日本を文化の中心＝「華《か》」とし、周辺国家・民族＝「夷《い》」とする、日本型華夷秩序に基づくものであった。「通信の国」と規定された朝鮮・琉球とのあいだでは、伝統的な東アジアの国際秩序を背景として、「大君《たいくん》」たる将軍は通信使《つうしんし》や慶賀使《けいがし》の来訪という国家間の儀礼行

▼ウイマム　もともとは、交易を意味するアイヌ語（交易のため他国にいくこと）であったが、巡見使のみならず、松前藩の支配が強化されると松前藩主に対する「御目見」に変質させられる。

●――ウイマム（『蝦夷国風俗図絵』の「藩主謁見之図」）

為が取り結ばれていた。これに対して、なお国家を形成していなかったアイヌ民族とのあいだでは、幕府の巡見使《じゅんけんし》に対して松前地と蝦夷地の境で「御目見《おめみえ》（ウイマム）」の儀式が行われた。さらに、蝦夷地についていえば、外圧が表面化するまでは幕藩制的な支配秩序がおよばない化外《けがい》の地というばかりでなく、言語・風俗など文化様式の異なる異民族の領有する地＝外国としてもとらえられていた。実体的にも、少なくとも近世初頭の蝦夷地は、しだいに和人によって侵食され自立性を失っていくとはいえ、アイヌ社会の排他的・独占的な領土（アイヌ・モシリ）であった。

松前藩と商場知行制

松前藩は、本州の大名が農民支配に基盤をおいた権力として成立したのとは、まったく異なる形で存在した。松前藩は、個々のアイヌへの個別直接的な人身支配ではなく、共同体の首長《しゅちょう》との政治的支配・被支配関係による支配を行った。蝦夷地の支配は、「華言《かげん》（日本語）」のみならず「金銭（貨幣）」使用の禁止、「漁物（生産物）」の松前藩および場所請負人《ばしょうけおいにん》以外との交易の禁止におよび、文化的にも日

本から切り離し和人とは違った「夷」のままにとどまらせておくこと、「異化」することを意味していたのである。したがって、松前藩による蝦夷地支配は政治支配の原則と具体的なその実現のあり方とを分けて考える必要がある。

松前藩の支配形態である商場《あきないば》知行制は、寛永期(一六二四〜四四)に成立したとされている。それは蝦夷地アイヌの北東北への「自由往行」、すなわち東北大名とアイヌ首長層の交易とは裏腹の関係にあった。盛岡藩の家老席日誌である「雑書」には、一六四四(正保元)年までは内浦《うちうら》湾や道東から下北半島へ、直接にアイヌの人びとが渡航していたことが記される。その際には、蝦夷地独自の産物だけでなくラッコ皮ももたらされており、北千島以北の産物の本州への中継交易でもあったことがわかる。家康が示した「制書」の、アイヌの人びとが自己の意志によって自由に渡航することとの実例である。しかし、松前藩にとって、本州に関するかぎり、それを否定し対アイヌ交易を独占しなければ支配の確立はありえなかった。

松前藩の蝦夷地支配は、中世の蝦夷島を松前藩の存立する和人地とアイヌの居住する蝦夷地に地域分離し、そこへの交易制限を実現すること、そして商場知行制(家臣《かしん》に対する交易権の分与)によって独占的な対アイヌ交易を松前藩が掌握することが指摘されている。しかしながら、これらのことは、政治支配のあり方というより、その具体的な実現形態ないし経済基盤というのが正確であろう。それでは、近世前期において、松前藩はどのようにアイヌ社会にかかわり、支配を実現したのかが問題となる(これについては後述)。

松前藩は、地域分離のうえで、城下《じょうか》でもある松前とその湊《みなと》を商品流通の中核とすることでその流れを掌握し、「沖の口」改め▲を行い、松前にはいる商船からの役銭《やくせん》の徴収と旅人統制を行った。松前藩は、これらにより「制書」に規定された対蝦夷地交易独占の実現をはかったのである。これらを基盤として、松前藩独自の知行制度が展開する。松前藩成立期の上級家臣に対する知行は、①商場知行、②和人地内の一定の村落を支配する権利、③和人地河川で鮭《さけ》漁をする権利、④松前・蝦夷地の一定地域で鷹《たか》をとる権利、などからなっていた。

このうちもっとも重要なのが商場知行制で、アイヌと和人の自由な交易と文化接触を権力的に遮断、交易の相手を松前藩主のみに限定し、家臣にその交易権を知行として分与するものであった。和人地以北の蝦夷地を藩主および上級

▼「沖の口」改め　一五一四(永正十一)年に蠣崎氏が上ノ国から松前大館《おおだて》に本拠を移した際、諸国からの商船・旅人から役銭を徴収したことにはじまる。藩政初期には沖の口奉行がおかれた。寛文期(一六六一〜七三)には寺社町奉行が船役などを徴収している。元禄期にはいると、船役金・船役米徴収業務の一部が問屋仲間の請負となり、享保期(一七一六〜三六)以降には沖の口改めも含む重要な部分は問屋仲間が代行するようになる。

家臣の独占的な交易の場とし、上級家臣に蝦夷地の一定場所（商場）でアイヌと交易する権利を知行としてあてがった。商場を知行としてあたえられた上級家臣は、初めのうちは、年一回、夏に蝦夷地の商場に派遣する交易のための商船（三〇〇石前後の大型縄綴船《なわとじ》、アイヌ語でイタオマチップという）や、本州方面との交易に使う和船を所有し、本州方面から松前に渡来した他国商人を自分の屋敷に住まわせるなど、商業活動に従事し商場でのアイヌとの交易を直営した。

商場知行制とアイヌ民族

商場知行制下の商場交易とは、アイヌに渡す交易品の仕入れに始まり、交換によってアイヌからえた諸品を売却するまでの諸過程であり、そこに松前藩以外の権力や商人がかかわることは徹底的に排除されなければならない。こうした、交易独占をはかった松前藩の支配のあり方は、つぎのような影響をアイヌ社会にあたえていった。

(1) アイヌは交易相手が商場知行主に限定されたことで、受動的な立場に立たざるをえず交易における主体性を徐々に失う。アイヌ交易に使用されたのは、普通の俵の半分の二斗入俵の「夷俵《えぞたわら》」であったが、アイヌとの交易値段は当初は二斗入り俵一俵＝干鮭《からざけ》五束（一〇〇本）で交換されていた。しかし、一六六九（寛文《かんぶん》九）年には、一俵が七〜八升入りとなって干鮭五束（一〇〇本）との交換が強要され、天明《てんめい》年間（一七八一〜八八）には八升入り一俵が干鮭・干鱈《ほしだら》おのおの七束（一四〇本）と交換されるようになった。さらに、商場の経営は早期に和人による河川での鮭漁対象の漁業経営を主とするものへと変質した。

(2)いかに、不公平なものであっても、アイヌ側では交易の主たる部分を首長層が独占的に手にする。このため、アイヌ社会内部で階級分化が進み、各地に共同体首長が成長し地域的広がりをもった集団が形成される。

(3)蝦夷地の首長が、交易を基盤として共同体支配を強化したことによって、和人側の表現でいえば「惣大将」といわれる強大な首長層が成立し、一定の地域的な広がりをもったアイヌ集団が形成されてくる。しかも、松前藩による交易の場が日本海や太平洋沿岸部などアイヌ社会のなかに設定され、和人文化との接触は一層広がる。

(4)　対和人交易品の確保のため、狩猟という生産側面が固定化される。つまり、恒常的かつ受動的な和人との交易によって、交易品をえるための生産、すなわち狩猟という生業にアイヌ社会全体を縛りつける。このことはつぎのような影響をあたえる。このため、(i)生産の場をめぐって、地域的な規模まで広がった諸集団間の争いが加速され、(ii)交易の場が、アイヌの生産と生活の場のなかにおかれたことによって、交易品をえるための生産の増大ともあいまって生産基盤の破壊が進む。

近世初期のアイヌ民族の動向をみるとき、一六四三(寛永二十)年に起こったヘナウケの蜂起は、その詳細な内容は明らかではないものの、アイヌ民族と和人との中世的な関係の終焉《しゅうえん》を示すものであった。

ヘナウケの蜂起は、現在の瀬棚《せたな》(せたな町)から島牧《しままき》(島牧村)にかけて起こったものだがその詳細は不明である。しかし、ここを流れる利別川《としべつ》では、寛永末年には和人の砂金《さきん》取りがはいりこんだことで鮭の遡上《そじょう》が妨げられ、アイヌ社会の重要な生活基盤が破壊されつつあったと考えられている。しかも、一六四〇(寛永十七)年に駒ケ岳《こまがたけ》の大噴火▲が起こり、津波・火山灰降下という自然条件に

▼**駒ケ岳の大噴火**　この噴火が大規模だったことは、寛永十七(一六四〇)年十月十一日付の沢庵《たくあん》の小出大和守吉英《こいでやまとのかみよしひで》宛書状のなかに松前公広《きみひろ》の注進《ちゅうしん》内容が記されていることでもわかり、本州社会のなかにも広く知られていた。

●—ポロモイチャシ(平取町)

●—寛文期のアイヌ首長層(北海道開拓記念館編『蝦夷地のころ』常設展示解説書3に一部加筆)

よってセタナイ・シマコマキのアイヌ社会の生活基盤の破壊が一層加速されていった。こうしたことから、一六四三年に、ヘナウケに率いられたセタナイ地域のアイヌがいっせいに蜂起したのである。この蜂起は、ほぼ一〇〇年間の戦争状態に終止符を打った天文《てんぶん》二十年体制から九〇年後に起こっており、アイヌ社会が自然条件に介在されながらも商場知行制を基軸とした松前藩の蝦夷地支配という体制的な矛盾を、蜂起という形で表現したものにほかならなかった。

したがって、松前藩とアイヌ民族との矛盾はこの蜂起—鎮圧によって解決したわけではなく、商場知行制の展開と変質のなかでより深刻化し、やがて一六六九年の近世最大のアイヌ民族の抵抗、シャクシャインの蜂起につながる。それだけに、「寛文蝦夷蜂起」とも呼ばれるシャクシャインの蜂起は、アイヌ民族に対する政治支配のあり方とその矛盾を露呈したものでもあった。

十七世紀には、アイヌ社会内部の各地の共同体首長の成長により、地域的広がりをもった集団が形成される。「惣大将」といわれる首長層に率いられる、一六六九年段階のアイヌ社会の諸集団は、つぎのように形成されていた。

①日高《ひだか》地方　蜂起の舞台となった地域で、メナシウンクルとシュムウンクル

両集団の地域間紛争は、シブチャリ川の用益をめぐる確執として始まる。

(i)シャクシャインを長とする地域集団(メナシウンクル)——本拠を静内《しずない》川シブチャリ浜(『渋舎利《しぶちゃり》蝦夷《えぞ》蜂起《ほうき》ニ付《つき》出陣書《しゅつじんがき》』)におき、シブチャリ(新ひだか町)以東ホロイツミ(えりも町)・トカチ(浦幌《うらほろ》町)・シラヌカ(白糠《しらぬか》町)・クスリ(釧路《くしろ》市)・アッケシ(厚岸《あっけし》町)の各地に勢力をもった。

各地に「頭分《かしらぶん》」の者が存在し、シャクシャインが「惣頭《そうがしら》」として全体を率いる。「手廻《てまわり》」(この場合は、擬制的な家族をも含む)の者だけで二〇〇人余、「その外《はか》一類ちなみの狄《えぞ》」が存在していた。

(ii)「鬼ひし」を長とする地域集団(シュムウンクル)——本拠は静内川の二里(約一二キロ)ほど川上のハエにあり、サル・ムカワ(むかわ町)・シコツ・イシャツレ(イザリか、恵庭《えにわ》市)・アチウシ(千歳《ちとせ》市)・オタスツ(ヲタスツ、寿都《すっつ》町)・オサツ(千歳市)・ビボクというシブチャリ以西に勢力をもつ。

『津軽一統志《つがるいっとうし》』(巻之十)には「鬼ひし」は「惣大将」ではなく、その器量から「下《しも》の国《くに》狄共押へ」をまかせられ、「松前殿」の指導・世話を受ける存在として記されている。「下の国」は下蝦夷地(東蝦夷地)をさすが、その全体か否かはともかく広域的な「狄共押へ」を松前藩から命ぜられた、あるいは松前藩と「下の国狄」とを仲介する関係にあったと考えられる。「押へ」とは、一般的には敵の侵入を防ぐ軍事的な備えをいい、そのような政治的立場を意味するが、この場合は松前藩の意向を受け、アイヌの人びとの要求・不平などを取り締まる役割を果たしていたのではないだろうか。この点、「鬼ひし」は自由な首長層というより、その強大さに目をつけた松前藩が政治的な利用をはかった一つの権力としてアイヌ社会に存在していたと思われる。

②日本海沿岸地域

(i)ハウカセを長とする地域集団(石狩アイヌ)――石狩《いしかり》川流域と日本海沿岸の「ましけ」を持分とし、「下人狄千人程」、イシカリ川河口に「三百程小屋」を設ける。

「上の国惣大将」(西蝦夷地・日本海沿岸地域を代表する勢力)と記され、「下の国」における「鬼ひし」と類似するが、対照的に和人を相手に「押買《おしかい》」(相手の承知しない安値で無理に買いとる)を行い、「松前殿は松前殿、我等は石狩の大将」と言い放つなど自立的な性格をもつ。

(ii)八郎右衛門を長とする地域集団(余市アイヌ)――「余市《よいち》」のなかでも、とくに「惣大将」とされる。積丹《しゃこたん》半島の東海岸一帯と、日本海沿岸地域の北部の天《て》塩《しお》・リシリ・ソウヤに影響力をもつ。

余市アイヌは三〇〇人ほどであるが、蝦夷地北部への影響力は大きく、一六七〇(寛文十)年には「おしよろの澗《ま》」で弘前藩の密偵《みってい》船を、一〇〇艘ばかりの舟に乗る六〇〇~七〇〇人ほどの勢力で囲んでいる。その勢力下にあったとみられる「余市」「天塩」「るいしん」「そうや」の大将は「北高麗織《きたこうらいおり》」の目にもあざやかな「唐草織《からくさおり》」の「衣類」を着していた(『津軽一統志』巻之十)。のちに山丹交易の名で知られるアムールからサハリンをへての大陸との交易に従事し、蝦夷錦《えぞにしき》を手に入れていたことをうかがわせる。

②の集団は、シャクシャインの蜂起については結果的には参加することなく終っている。いずれも、シュムウンクル・メナシウンクルの集団に匹敵するものであったのになぜ同調することなく終ったのであろうか。その場合、蜂起の基本的要因がどのような内容をもつものであったのかが問われなければならないだろう。

▼蝦夷錦　紺・赤・縹《はなだ》色などの緞子《どんす》地に、色糸と金・銀糸とを交ぜ用い、竜・牡丹《ぼたん》などの模様を織りだした錦。もと中国江南《こうなん》産で、中国皇帝の下賜《かし》品として満州・サハリンの諸民族の手をへて蝦夷地に渡り、本州にもたらされた。

本州のアイヌ民族

北奥に領主支配の基礎をおき藩政を展開した弘前・盛岡両藩は、松前藩がみずからの拠点である和人地とアイヌの人びとが居住する蝦夷地を分離することで支配を行ったのとは異なり、アイヌの人びとを藩のなかに編成する直接的な支配体制をつくりあげたのである。

弘前領の一六四五(正保二)年「陸奥国津軽郡之絵図」(一六八五〈貞享《じょうきょう》二〉年写)には、寛文期以降も確認できる津軽半島北端の三厩《みんまや》(外ヶ浜町)周辺のほか、日本海に面する同半島北西端の小泊《こどまり》(中泊町)の周辺、陸奥湾の夏泊《なつどまり》半島に「狄村《えぞむら》」の記載がある(扉写真参照)。寛文期にその存在が明らかな三厩周辺のアイヌの居住地をみると、宇田《うだ》から龍飛《たっぴ》までの一五カ村に四二軒が点在している。「狄村」は、自領内に広汎に展開しているアイヌの存在を視覚的に表現し把握したものである。

その後に、弘前藩では一六六二(寛文二)年に(「国日記」)、盛岡藩でも六五(同五)年に初出する(「雑書」)、異民族たることを確認するための「御目見(ウイマム)」が、藩主に対するアイヌ首長層の服属儀礼として強制されていく。

また、津軽アイヌにはとくに藩から固有の「役」として松前飛脚《ひきゃく》回送役が課せられている。こうした「役」の賦課は、アイヌの人びとが社会において果たすべき役割を規定され、藩権力のなかに編成されたことを意味していた。そのことは社会集団として本州アイヌの人びとを藩というなかに位置づけていく、すなわち身分として社会のなかに確定させることをも意味していた。このことに、和人社会からは隔絶することを原則としていた蝦夷地におけるアイヌの人びとのあり方とは本質的に異なった本州アイヌ独自の課題があった。

本州アイヌは、その生産と生活を個々の藩支配のもとで強く規制され、「狄」（狄・夷）として非生産者や遊芸者と同等に農業生産、とくに水田耕作から排除され賤民《せんみん》として位置づけられた。こうした藩内での身分的位置付けの根拠としては、仕掛弓や毒矢を用いる独特の狩猟文化を保持することで、身分的本質を百姓とする和人の「猟師・またき」とは異なる生来の狩猟者として近世北奥社会のなかでみられていたことがあげられる。本州アイヌは農業生産では、焼畑を主とした「畑作」のみに耕作を限定され、生産の主柱を狩猟、とくに漁業と海上交通への参加＝「小廻」におくことになったのである。

本州アイヌは、どのような足跡を列島に印したのだろうか。本州アイヌが藩体制に取り込まれたことで、その生産と生活のあり方が規制されたことは紛れもない事実であるが、本州アイヌの活動をきわめて閉塞《へいそく》的なものと考えるのは一面的である。本州アイヌの活動は、彼らが中世以来、海峡を挟んだ在地の領主それぞれと取り結んでいた歴史的なあり方を維持させることによって、あるいは藩体制のなかに取り込まれ、あらたに藩とのあいだに取り結ばれる関係を通じて、ダイナミックな活動の足跡を残していくのである。

津軽アイヌの場合、「国日記」正徳《しょうとく》二(一七一二)年九月二十七日条では、寛永末期から慶安《けいあん》ごろ(十七世紀中ごろ)には、龍飛周辺の漁場四カ所を、イウォルとしての排他的な鮫《さめ》漁の漁場を藩から認められ、生産と生活の自立性を失うことはなかった。海上交通における活動も、漁業による蝦夷地との関わりのみならず、木材の移出は遠く酒田《さかた》(山形県)や新保《しんぼ》湊(福井県)といった日本海沿岸各地におよぶ活発なものであったことは見落とすことのできない事実である。

④——シャクシャインの蜂起

アイヌ集団と「無事」

一六六九（寛文《かんぶん》九）年六月、東は白糠《しらぬか》、西は増毛《ましけ》にいたるアイヌが、反和人《わじん》・反松前《まつまえ》を呼びかけるシブチャリの首長《しゅちょう》シャクシャインの檄《げき》に応え、いっせいに立ち上がった。近世最大のアイヌ民族の蜂起、「寛文蝦夷《えぞ》蜂起」の勃発《ぼっぱつ》である。それは、二つの段階からなっていた。

第一段階は、日高《ひだか》の新冠《にいかっぷ》から白老《しらおい》を中心としていたシュムウンクル集団と、日高沿岸部のシブチャリから道東にかけてのメナシウンクル集団との、アイヌ民族内部の共同体間での生産の場であるイウォル（漁猟場）をめぐる争いである。『津軽一統志《つがるいっとうし》』によれば、この集団間の争いは一六四五（正保《しょうほう》二）年までさかのぼる。当時、「しぶちゃり」の大将であった「かもくたいん」がこの過程で、シュムウンクルの首長「鬼ひし」方によって殺されるという事件が起こった。それは、「かもくたいん」の父「せん大いん」の代には「威勢強」かったことを誇り、「鬼ひし領」の川へ「かもくたいん」がはいりこみ、「渡世《とせい》」を行っていたことに起因する。

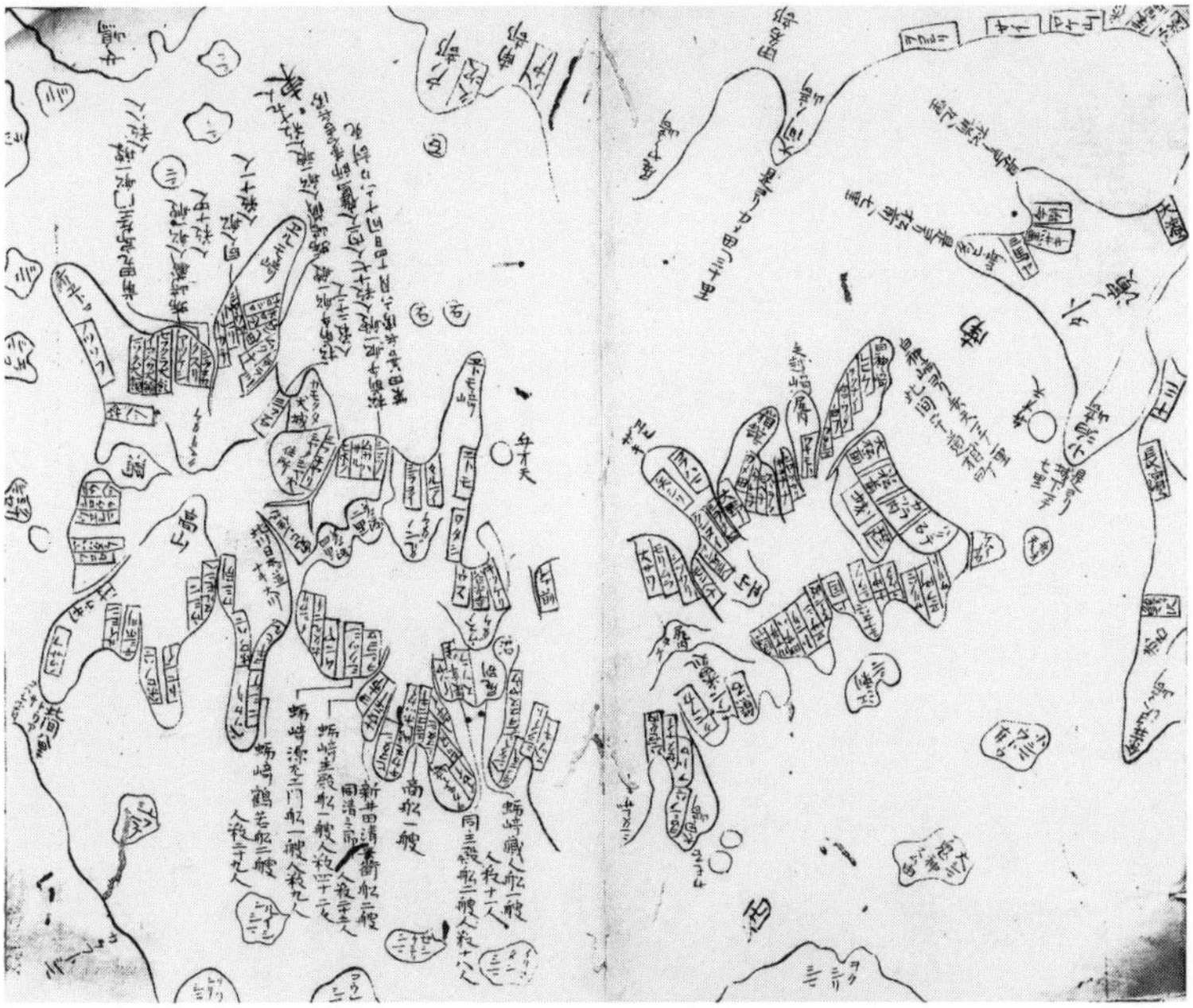

●―『津軽一統志』巻之10付図　各地の犠牲者の数が書き込まれている。

●―シャクシャインの蜂起関係図(榎森進『日本民衆の歴史　地域編　北海道の人びと』による)

「渡世」は、なりわい、の意味であり、「鬼ひし」集団が排他的に占有していた漁猟圏を父の「威勢」を借りて侵害し、鮭《さけ》漁などを行っていたと考えられる。

こうしたことから、「鬼ひし」は報復を狙い、「せん大いん」が没したあと、松前藩の史料では一六四八(慶安《けいあん》元)年からメナシウンクルとシュムウンクルの争いが表面化したのである。「十三年以前」、一六五六(明暦《めいれき》二)年には、松前藩が仲介して和議《わぎ》がはかられ、戦争状態は一応収拾されていた。しかし、一六六五(寛文五)年ごろから対立が再燃し、六八(同八)年にはシュムウンクルの首長「鬼ひし」は、あらたにメナシウンクルの首長となった「しゃくしゃいん」の手勢によって殺害される。この段階は、アイヌ社会のなかに急速に成長してきた地域的な首長に率いられた集団間の争いであったといえよう。

第二段階では、「鬼ひし」を失ったシュムウンクルは、たびたび、「しゃくしゃいん」方に押しよせるが勝利をえることができず、かえって根拠地「あつへし」を急襲され、「さる」の「うたふ」の女房で「鬼ひし姉」を殺害される。このためシュムウンクルは松前藩に武器・食糧の援助を申しいれたが拒否され、その交渉にあたった「うたふ」は帰途疱瘡《ほうそう》にかかり「のたい」で病死してしまう。「しゃくしゃいん」は、これを毒によってアイヌを殺そうとする松前藩のたくらみとしてアイヌ社会に伝え、「各一味仕《おのおのいちみにつかえ》、松前より参候《まいりそうろう》商船を先《まず》打殺」す行動にでたのである。

こうして、アイヌ民族全体の動揺が引き起こされ、シャクシャインの檄を契機として反松前の戦いが開始された。蜂起によって、西は増毛から東は白糠までの広範な地域で、交易船の船頭・水主《かこ》、鷹匠《たかしょう》・鷹待《たかまち》▲あるいは金掘《かなほり》が殺害され、死亡者は二七三人とも三五五人ともいわれる。

蜂起そのものは、一六六九年十月二十三日、偽って和睦《わぼく》し誘殺するという松前藩の常套《じょうとう》手段で「しゃくしゃいん」が非業《ひごう》の死をとげ、二十四日には拠点のシブチャリの砦《とりで》が焼かれたことで一応の終結をみた。

蜂起の直接原因としてあげられるのは、松前藩家老蠣崎蔵人《かろうかきざきくらんど》によるアイヌ交易の交換率の悪化と暴力的強制である。さらに、大網で「秋味《あきあじ》▲」漁獲を行い、アイヌ側の抗議を暴力で排除し、交易から蝦夷地《えぞち》での漁業活動に踏みだし始めたこともあげられる。それでは、なぜ、交換比率はこの時期に暴力をともなってまで引きさげられなければならなかったのか。

▼**鷹待**　鷹狩り用に飼育する野生の鷹を捕える者。蝦夷地の鷹は領主間の贈答品として珍重された。

▼**秋味**　鮭。とくに秋、産卵のために河川をのぼってくる鮭をいう。

商場知行制《あきないばちぎょうせい》は、蝦夷地でのアイヌ民族との継続的な交易の実現によって成立する。そのためには、本州北部からの移入品である米・酒・たばこが恒常的かつ安価に入手される必要がある。寛文期の北東北の諸藩では、一般に不作が継続する。これは、この地域での小農経営の展開とそれによる農村の変質が起因となっていた。このため、とくに米穀の松前への移出はきわめて不安定・高価なものとなり、当面のアイヌ民族との交易にあっては必然的に交換比率を低く設定せざるをえなかったし、またそれを暴力を使ってまでも押しつけていかざるをえなかったのである。商場知行制がもつ矛盾の一つの現れでもあった。

松前藩の政治支配の具体的かつ中心的な実現形態が、対アイヌ交易独占による経済基盤としての商場知行制であったとすれば、その商場交易が正常に成り立つための政治的条件とは、なんであっただろうか。それは、交易を成り立たせるべき状態にアイヌ社会があることであろう。具体的には、アイヌ各集団間で暴力をともなう自力救済が行われないことであり、このことは史料のうえでは「無事《ぶじ》▲」と表現される。

シャクシャインの蜂起では対立するアイヌ集団の仲介を「金掘共」、とくに

▼**無事**　武力行使が行われていない状態、その意味での平和。

「文四郎」という人間が特定的に行っている。その行為は「無事」の実現とされ、またこの「文四郎」による仲介は松前藩による裁定を根拠としており、それを蝦夷地において実現させる役割を担っていたのである。したがって、この「無事」という論理は、第一義的に松前藩による蝦夷地社会とアイヌ諸集団のあるべき姿を提示した政治的枠組みであり、政治支配の原則であったことになる。

松前藩の「無事」の論理は、いずれのアイヌ集団にもとくに軍事面での直接的な肩入れを行わず、あくまで調停者としての自己を位置づけることにあった。その機能を果たすべきものとして町奉行《ぶぎょう》への首長層からの上訴《じょうそ》があったが、各首長レベルまでに直接にその支配の組織をおよぼすことはできなかった。このため、各首長層と松前藩のあいだに介在し、両者の意思の伝達を行う者として蝦夷地にはいりこんだ「和人」、とくに「金掘」が重要な役割を果たすことになる。そのことは、彼らを介しながら直接的に松前藩要職、とくに蝦夷地にはいりこみ、その職務にあたる可能性をもつ「金山奉行」が、藩の支配秩序とは別個に特定のアイヌ首長層と個人的な関係を取り結ぶ可能性を内在化させるものでもあった。

「文四郎」は、実態としては「金山奉行」と結びつき、その意を受けて行動しており、実際の紛争勃発にあっては、「公」的な松前藩との交渉ルートではなく、こうした私的関係とそれによる私的内済《ないさい》への期待が優先されたのである。

松前藩のアイヌ支配は、抑圧の論理からのみ説明されるものではなく、少なくともその初期の姿勢はアイヌ諸集団を自立した自力救済の主体とみなし、諸集団間の自力救済に調停者として臨むことに論理立てられていた。しかし、「惣大将」の成立にみられるアイヌ社会における急速な社会集団の成長と衝突は、本州からの交易品としての米穀移入の不安定化とあいまって、この松前藩の支配の論理と蝦夷地ないしアイヌ支配の実態との矛盾を激化させ、ついにはアイヌ社会に反松前藩の蜂起を引き起こさせるにいたったのである。

「寛文蝦夷蜂起」のもたらしたもの

十月に松前藩によってシャクシャインが謀殺されて蜂起は終息に向かった。松前藩は各地のアイヌ首長層に、①子々孫々までの無条件の忠誠、②謀反《むほん》人の密告、③交易船への乱暴禁止、④他藩との交易の厳禁、など全面的な服従を要求した起請文《きしょうもん》を提出させたうえで、定期的な藩主への謁見《えっけん》を強要し、交易の際には制法《せいほう》・法度《はっと》の伝達を行うなど、政治・経済的支配を強化した。しかし、シャクシャインに率いられ蜂起した集団の敗北にもかかわらず、「惣大将」層の多くは勢力を保持し続けていた。その一人、内浦《うちうら》のアイコウインは、シャクシャインが松前藩側の防衛上の拠点であった国縫《くんぬい》を突破すれば、シャクシャインと連携して反松前の軍事行動をとる意図であったとされ、イシカリのハウカセは弘前藩との交易再開をさえはかっていた。アイヌ集団にとっては複数の交易対象をもつこと、それは、より「自由」な交易の実現をはかることにほかならなかった。

この蜂起は、幕藩領主にとっても大きな衝撃をあたえるものであった。実際に、松前加勢を名目として出陣した弘前藩《ひろさき》は、延宝期《えんぽう》（一六七三〜八一）に大規模な軍役《ぐんえき》の改定を行うとともに、貞享期《じょうきょう》（一六八四〜八八）には領内総検地《そうけんち》を施行し、北に向けた軍役体制をつくりあげている。それだけではなく遠く熊本藩にも、江戸《えど》の藩邸《はんてい》から一連の情報が伝達され（『細川家記　続編』）、また譜代《ふだい》大名《みょう》水野家も「蝦夷ニテ騒乱」に備え「案内者」を確保したのである（『丕揚録《ひようろく》』巻之

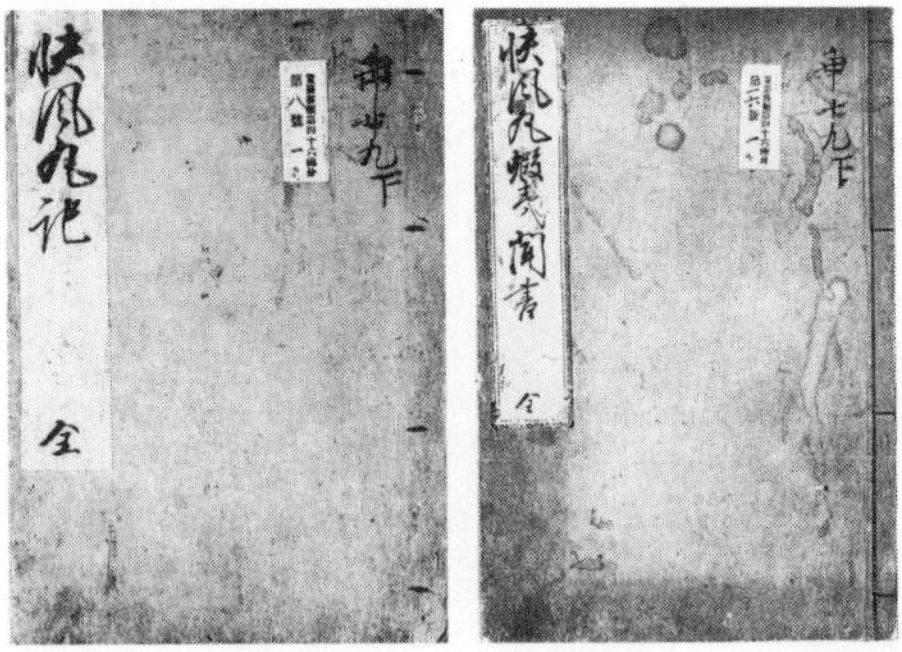

●──『快風丸蝦夷聞書』と『快風丸記』

六)。それは、隣接した北東北の諸藩ばかりでなく、蜂起が近世日本の国家体制をゆるがすものとして深刻な関心と対応とを幕藩領主に迫るものであったことを示している。

アイヌ首長層は、戦いが終結したことの証として「起請文」を提出させられたが、直接の契機となったとされる交換基準は「米壱俵」に対し、「皮五枚」または「干魚五束」(『渋舎利《しぶちゃり》蝦夷《えぞ》蜂起《ほうき》ニ付《つき》出陣書《しゅつじんがき》』)とあるのみである。つまり、一俵二斗から八升という交換基準の引下げの強行に見合う、米一俵の容量明記はない。現実は、戦後「生鮭百本を米一斗二升に換申候《かえもうしそうろう》……是ハ松前より常に此通り定《さだめ》置《お》き候由《よし》」(『快風丸《かいふうまる》記事《きじ》』)となり、戦前よりアイヌ側に有利に改められている(八升となったのは元文《げんぶん》期、『北海随筆』)。

蝦夷地では、一六八四(貞享元)年ごろも「二、三年以来、蝦夷之様子少々替《か》」わりシャクシャインの妻が先年の意趣《いしゅ》をはらそうとしている、「蝦夷蜂起」を口にする者が一〇人に四、五人はいるといった噂《うわさ》が立つほど、松前藩の困窮と交易の不振が問題化し(『福山秘府《ふくやまひふ》』)、九二(元禄五)年四月にも羽幌《はぼろ》の金山での山師とアイヌの人びととの衝突が取沙汰されるなど(『松前主水広時《もんどひろとき》日記』)、けっして安定的な状態にあったわけではなかった。蜂起が商場知行制そのものの矛盾であり、それを解決しえないかぎり、一時的な軍事的勝利は当座のものにすぎず、アイヌ首長層への一定の譲歩による事態打開が必要だったのである。

松前藩にとって、実質的な意味をもつのはむしろ、「起請文」において「余所《よそ》の国」および「脇の国」との通商禁止(『渋舎利蝦夷蜂起ニ付出陣書』)と明記し、その実現をはかっていったことにある。また元禄期(一六八八〜一七〇四)には、和人の蝦夷地への往来が「公儀《こうぎ》」(幕府《ばくふ》)の名によって禁じられている。こうした、動きのなかで蝦夷地と松前地の移動は、一六九一(元禄四)年、熊石《くまいし》奉行にあてた「覚《おぼえ》」では、蝦夷地から交易に来たアイヌは荷物没収のうえ追い帰すこと、追《おい》鰊《にしん》船は節喜内《せっきない》、鮑取《あわびとり》船は太田《おおた》より奥での操業の禁止が明確化され(『福山秘府』)、松前藩による交易権独占の実態が確立する。

シャクシャインの蜂起は、蝦夷地における「無事」実現の権力体系の破綻《はたん》であり、松前藩は蜂起鎮圧《ちんあつ》の過程から新たな論理と権力体系の構築をはかる。それは、マージナル化し、松前藩とは別個に権威化する可能性をもった、蝦夷地にはいりこみアイヌ首長層と接触をもつ「和人」の排除であった。蜂起鎮圧の過程から松前藩を唯一の権力あるいは権威としない牢人《ろうにん》層は、境界人として成長する可能性をもつものとして排除され、蜂起後にはシャクシャインに近侍《きんじ》した和人らはいずれも「蝦夷」として処刑された。松前藩がなによりもそうした境界的な存在について、存在のみならず、その可能性をも極力除去することをはかったことを意味し、「起請文」の徴収はその延長上に位置している。

松前藩の動きによって、蝦夷地のアイヌ首長層の御目見《おめみえ》がたびたび記録されるようになり、一七三一（享保《きょうほう》十六）年夏には、エトロフ・クナシリ両島の「蝦夷」がはじめて「来辟《らいへい》」している（『福山秘府』）。この記録はあたかも、松前藩の蝦夷地支配の確立を示すようであるが、もう一つ考えなければならないことは東北アジアにおける国際関係の変化である。

アムール川下流域への進出を清《しん》によって阻まれたロシアは、その方向をカムチャツカ方面に転じ、一七〇〇年にはカムチャツカ半島を領土化し、千島《ちしま》やアリューシャン列島へとさらに進出をはかった。一七一一年から一三年には、コズイレフスキー▲が千島列島のうちシュムシュとパラムシル両島を占拠し、二一年にはショコキ島までの探検を行っている。そして、一七三一年から三二年に

▼**コズイレフスキー**　ヤサクの徴発《ちょうはつ》に抵抗する先住民を鎮圧するために送り込まれたコサック。一七一一年、隊長らの不正に対して反乱を起こす。カムチャダールの捕虜《ほりょ》となっていた漂流《ひょうりゅう》した四人の日本人を救出したことを、処罰軽減を求める嘆願書のなかに記している。同年、反乱コサックとともにはじめて千島シュムシュ島に渡る。一七一三年には新隊長コレッフの命を受けてパラムシル島に渡り、交易に来ていたエトロフ島アイヌから千島列島の主要な島々についての情報をえるとともに地図を作成する。

はシュムシュとパラムシル両島に農耕を導入した(『千島誌』)。

この過程は、ラッコ皮を対象とした過酷なヤサクを千島アイヌに課すものでもあり、またロシア正教の強制などもあり、逃亡するアイヌが続出したといわれる。

一方、コズイレフスキーらはウルップ・エトロフ島のアイヌによる本州の製品である絹織物・綿織物・刀・鍋・漆器《しっき》などとシュムシュ・ホロムシル・オンネコタン島のアイヌからのラッコ、狐《きつね》、鷲《わし》の羽などの中継交易、そしてそれがカムチャツカ半島のカムチャダール▲との交易品となっていることを報告している。しかも、十七世紀末葉にはカムチャツカ半島には「クリル」、すなわちアイヌ民族が住み、そこは「クリルの地」と呼ばれるほどにアイヌ民族の居住地域となり、カムチャダールとの交易と通婚が行われていた。おそらく、そうした状況でのロシアの進出の情報は、ただちにクナシリやエトロフのアイヌ首長層に伝わったものであろう。

こうした、あらたな略奪者の出現が交易ルートの確保ともあわせ、両島のアイヌ首長層の松前藩への接近をはからせたと考えられよう。

▼**カムチャダール**　ロシア化したカムチャツカ半島の先住民族イテリメンや彼らとロシア人の混血、土着したロシア人の総称。

⑤—クナシリ・メナシの蜂起

場所請負制の成立

藩主《はんしゅ》や藩士《はんし》の財政が悪化する元禄《げんろく》期(一六八八〜一七〇四)ごろには、商場《あきないば》の経営を共同して行う商場知行主《ちぎょうぬし》や、運上金《うんじょうきん》をとって商場の経営を商人に委ねる者さえあらわれ始めた。

こうした動きは、松前三湊《まつまえさんそう》と本州の諸湊《みなと》を結ぶ商品流通の発展に支えられた海上交通網の展開もあって、享保《きょうほう》期(一七一六〜三六)以降には一般化したと考えられている。これが、場所請負制《ばしょうけおいせい》の成立である。この経営を委ねられた商人が場所請負人で、運上金にみあった収益をあげるために、商場交易だけではなく各場所(商場)での鱒《ます》船・秋味《あきあじ》船・海鼠《なまこ》引船の操業許可を受け、場所のアイヌの人びとに漁業に従事することを強制した。さらに、一七九九(寛政《かんせい》十一)年以降の蝦夷地《えぞち》の前期幕領化《ばくりょうか》以降、場所請負人は行政的な職務さえ代行するようになる。とくに一八二一(文政《ぶんせい》四)年からの松前藩復領期には商場知行制が廃止され、蝦夷地は松前藩主の直轄地となってすべての場所は商人の請負いとなり、この段階には場所請負人は、労働力の確保のためにアイヌの人別帳《にんべつちょう》さえ作成し運上屋《うんじょうや》に常備するようになった。

場所請負制による経営は、アイヌの人びとの慣例・慣習を利用していた。その典型としてあげられるのがオムシャである。それは、アイヌの人びとが久しぶりにあった友人と交わす挨拶の儀礼ウムシャ▲から転じたものとされる。商場知行制下で交易の際行われたアイヌの礼式オムシャは、場所請負制下では一方的な慰労と日常的諸注意の読み聞かせを組み込んだ漁事終了後の支配儀礼へと変質した。それは、一七九九年以降の前期幕領期においても踏襲され、鰊《にしん》▲漁や昆布《こんぶ》漁の終る夏に、場所によっては秋味漁の始まる前にも行われた。終日酒宴が行われ、アイヌの人びとに下賜《かし》品・撫育《ぶいく》品があたえられたが、オムシャの際の「申渡書」の内容は、場所から自由に外にでてはいけないこと、運上屋以外と交易をしてはいけないこと、駅逓人足《えきていにんそく》をつとめなければいけないことなど、一方的に幕府《ばくふ》の法度《はっと》や請負人の私的支配を維持・強化するものであった。とくに、後期幕領期には、アイヌを内国民化して「外圧」にあたろうとした幕府によって、オムシャは「撫育」の場として重視され、幕府役人がオムシャに参加しその公的

▼**ウムシャ**　久しくあわなかった者が再会したとき、手をとり、両手で頭から肩までなでおろし涙を流して語りあう儀礼で、その際、物品の贈与をともなった。

▼**鰊**　ニシンをさす語としては、鯡が多く用いられる。かど、ともいい、鮮魚や塩蔵・燻製《くんせい》などの食用のほか、肥料・鰊油として利用される。卵巣を乾燥したものが「かずのこ」。鰊油は鰊から採取した脂肪油で、淡黄色ないし赤褐色の不快臭のある油体。パルミチン酸・オレイン酸などが主成分である。

な性格が強化された。

交易主体から漁場の労務者へ転化させられたアイヌの人びとは、幕領期には道路開設・荷物継立ての人夫《にんぷ》・馬子《まご》から会所《かいしょ》の雑役《ぞうえき》まで、公私の両面のあらゆる仕事にかりだされた。しかし、この対価は、漁場稼ぎの場合、年間給代《きゅうだい》として銭五〜一五貫文(両に換算して最高でも二両一分)、一方、出稼和人《わじん》の年間給与は七〜八両であった。和人から購入する和産物の価格は、十勝《とかち》場所を例にとると清酒一升二〇〇文(約四日分の給代)、煙草《たばこ》一把九〇文(二日分)、マキリ(小刀)一丁七〇文(一日半分)、キセル一本九〇文(二日分)、縫針一本三文(一日の給代で一五本)、古着一枚二貫五〇〇文(五五日半分)などと法外なものであった。反面、アイヌからの物品の買上げは、海産物(干鱈《ほしだら》・干粕《かす》・昆布など)を例にとると、和人からの買上げ価格の三分の一程度に押さえられた。しかも、これらの給代、物品・産物の勘定《かんじょう》は帳簿のうえで処理され、年一回漁期の終りに差引き勘定となり、帳簿自体が不正なことも少なくなく、無賃に等しい状況に陥ることもまれではなかった。

それでは、各場所の空間的な構造はどのようなものであったのか、青森県下《しも》

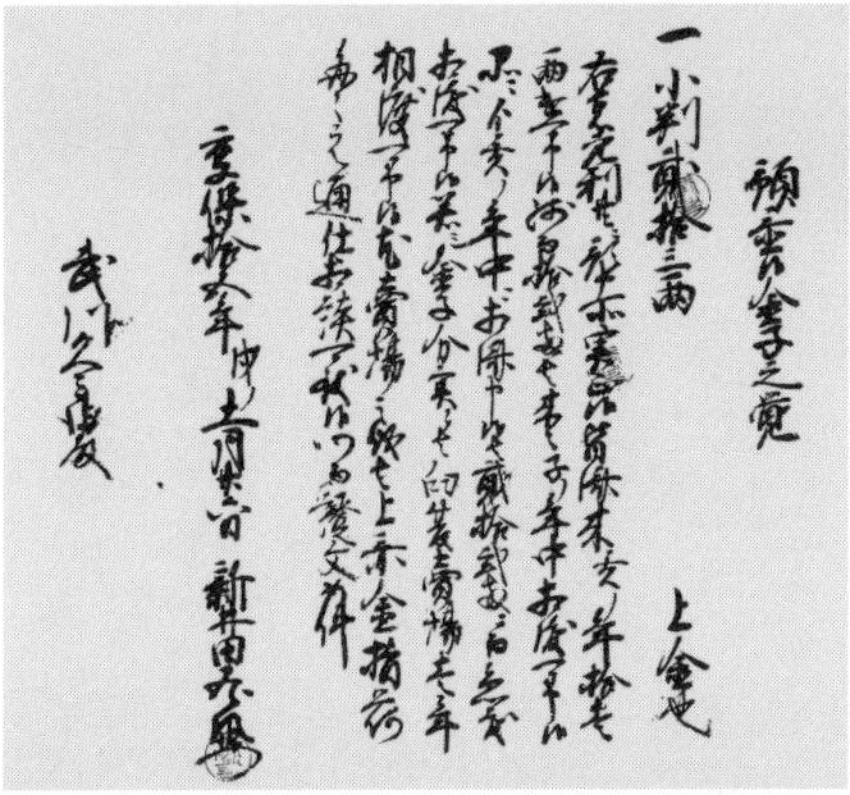

●—場所請負証文(一七三〇年)

●—オムシャの図(「日高アイヌオムシャ之図」)

●—「蝦夷地場所図絵馬」(鰊地引網図, 105.6×166.2 cm)

▼**早坂文嶺**　幕末期の松前藩士で、アイヌ絵を描き、ニシパの雅《が》号《ごう》を用いた。

北《きた》郡風間浦《かざまうら》村大石《おおいし》神社に、一八五五(安政《あんせい》二)年、松前藩士早坂文嶺《はやさかぶんれい》▲が描き、能《の》登伊助《といすけ》(ほかの絵馬《えま》では「総番人」を称する)が奉納した、「蝦夷地場所図絵馬」(鰊地《にしんじ》引網図《びきあみず》)によってみてみよう。

『新撰陸奥国誌《むつこくし》』に、大石神社は素戔嗚尊《すさのおのみこと》をまつり、一六七八(延宝《えんぽう》六)年勧《かん》請《じょう》の棟札《むなふだ》には「大石大明神《だいみょうじん》」、相殿の天照皇太神宮《てんしょうこうたいじんぐう》は「磯《いその》大明神」と伝えられる、とある。この絵馬の場所は不明だが、おそらく西蝦夷地のいずれかの場所のようすを具体的に描いたものである(サハリンのエンルモコマフという意見もある)。場所の経営・漁業生産にかかわるおもな構造物はつぎのとおりである。

絵馬の中心には、場所経営の中心である運上屋がおかれる。そのほかの建物群として番屋《ばんや》・倉庫・高札場《こうさつば》と、二カ所の神社がみられる。このうち池の奥の神社は稲荷社である。

海岸部では、鰊の群来《くき》を見張るためのヤグラがおかれている。海上に浮かんだ船では海面を竿《さお》でたたいて魚を網のなかに追い込み、浜ではアイヌの人びとが地引網を引き、これを番人が監督している姿が描かれる。さらに、浜には鰊をしぼって魚油と〆粕《しめかす》に分離するためのドウや、身欠き鰊を乾燥させるための干場がみられる。

周囲には木柵がめぐらされ、貯木場や畑とおぼしき空間も認められる。木柵の外側にはアイヌのコタンが左右二カ所にある。そこには住居であるチセのほか、高床式の倉庫、および子熊を飼育するための檻《おり》もみられる。コタンは、場所の経営のための諸施設を取りまくように設定されている。こうした配置からみて、このコタンは、自生的に発生し展開した集落ではなく、場所の労働力として遠隔地のアイヌの人びとを強制的に移したことによって成立したものであることがうかがわれる。

チセ、つまり家のまわりの付属施設としてみられるのは、祭壇・飼育檻・倉庫である。祭壇、すなわち幣柵《ぬささく》は、ヌサといわれる神々への礼拝場である。コタンや、その家でまつられる神々のイナウが建てられた神聖な場所である。ヌサの南には、丸太を井桁《いげた》にくんだ飼育檻が設けられる。送り儀礼のために山で捕獲した、仔熊・鷲《わし》・梟《ふくろう》・狐《きつね》などの幼鳥獣の飼育のためのものである。ネズミなどの害から守るために高床式につくられた倉庫には、一家族が二、三年間に必要とする保存食糧がたくわえられており、出入りにはハシゴが用いられた。

この絵馬に示されるように、場所の中心には場所の諸業務を統轄する運上屋が設置され、漁場を監督する番屋が各所に建てられ、場所請負人の配下の和人の番人が多数派遣された。やがて、番人の越年が恒常化し、場所のアイヌの人びとは、年間を通じて番人の監視のもとにおかれるようになる。

場所請負制の成立は、蝦夷地で生活するアイヌの人びととその社会に大きな変化をもたらすことになった。第一に、この絵図にみられるようなコタンの景観は、自然村落ではなくクンチ、すなわち強制連行・労働によってもたらされたと考えられる。同時に、場所内の番人たちの暴力、とくに女性に対する暴力も頻発する。松浦武四郎《まつうらたけしろう》は石狩《いしかり》場所のみで、番人妻妾の例を三二もあげている。さらにそれに拍車をかけたのが、和人との接触による天然痘《てんねんとう》・梅毒などの疾病《しっぺい》の流行と死亡者の増加、そして未婚者の増加、堕胎の強要などによる出生率の低下などで、文化《ぶんか》・文政《ぶんせい》期(一八〇四〜二九)以降幕末《ばくまつ》にかけて、アイヌ人口は急激に減少した。

こうした、場所請負制下のアイヌの人びとの抑圧された姿は、近世後期以来、最上徳内《もがみとくない》や松浦武四郎が厳しく糾弾して以来、今日もなお意識化されている。

もちろん、これは歴史的な事実であり、目を背けてはならないことである。しかしながら、それにとどまったとするなら大きな問題がここには残る。それは、それでは一方的な支配と収奪にさらされたなかで、アイヌの人びとは民族的な主体性をどのように維持し、その文化を守り伝えていったのか、それを可能ならしめたものはなにであったのかということである。

蜂起とアイヌ社会

一七八九(寛政元)年五月、飛驒屋《ひだや》久兵衛《きゅうべえ》の請け負っていたクナシリからメナシにかけて、クナシリ惣乙名《そうおとな》サンキチの弟マメキリやクナシリ乙名《おとな》ツキノエの子セッパヤに指揮されたクナシリのアイヌ四一人、メナシのアイヌ八九人、計一三〇人による蜂起が起こった。クナシリでは五月七日にトマリの運上屋を皮切りにマメキラエ・トウブイ・フルカマップなどの番屋を襲い、十三日には根室《ねむろ》海峡の対岸のメナシ地方のうちシベツ・チウルイ・コタヌカ・サキムイ・クンネベツ・オロマップなどを襲撃した。

松前藩は六月二日に「取調《とりしらべ》」として新井田《にいだ》孫三郎《まごさぶろう》以下、二六〇余人を鎮圧のた

●—クナシリ・メナシの蜂起関連図

めに差し向けた。

一行は途中、閏六月七日には「大しもよりとかち」までのアイヌ首長層から帰服の証《あかし》として「手印《てじるし》▲」の各品を徴収した。また十六日には「あつけし長人」らを呼びだし蜂起の原因についての聞取りを行った。それによれば、南部大畑《おおはた》村左兵《さへ》衛《え》はクナシリ総支配人であったが、昨年からマメキラエで海鼠《なまこ》・鱒〆稼方《ますしめかせぎかた》の支配人となった。以後、クナシリでは運上屋に行ったアイヌには米・酒・味噌にまで毒を混入してアイヌを根絶やしにしようとしているという風聞が広がり、事実、長人サンキチが薬として運上屋から「目付《めつけ》勘平」よりとあたえられた酒を飲み病死し、「ふるかまふ長人マメキリ」の妻は運上屋で振る舞われた食事をとったあとに急死したという。

さらに、蜂起に参加したクナシリとメナシのアイヌ側の「申口《もうしくち》」は、場所請負人たちのアイヌに対する過酷な扱いと脅迫、不公正な賃金の支払い、女性への虐待、越冬準備も不可能なほどの労働強化などが飛騨屋の場所で甚だしく、それを強制するための暴力が日常化していたことを暴露している。

一行は生存者やアイヌ首長《しゅちょう》層からの聞取りを続けながら、二十六日にクス

▼**手印**　宝物を謝罪・約束の印として提供し、合意を確認する行為。

リ(釧路)に、翌日にアッケシ、七月八日にノッカマップに到着した。すでに蜂起したアイヌはツキノエやションコといった有力なアイヌ首長に説得され同地に出頭していたが、新井田はこれら蜂起関係者を現地の仮牢に投獄した。この際、彼らは新井田らに「手印」を差しだし謝罪と恭順《きょうじゅん》の意を示したが、七月二十一日にこれを無視して蜂起の頭取《とうどり》としてクナシリのマメキリほか一三人、メナシではシトノエほか二二人に対し死罪を申しつけた。刎首《ふんしゅ》が六人目におよんだとき、牢内で処刑者が「ペウタンゲ」と呼ばれる叫びをあげたため、松前藩兵は牢に向け発砲し死罪とされた全員を殺し、処刑者の首を松前に運び晒《さら》した。

場所請負制のもとで、藩主や知行主に変わって場所請負人が漁場の経営にあたることは、不当なものではあれ、漁場で生産されたものを買いとるという商人とアイヌとのあいだの経済関係を成立させるものでもあった。さらに、肥料生産のための〆粕生産にともなう副産物として、魚油がアイヌ社会にもたらされるようになった。アイヌはその魚油を「手宛《てあて》」として配分されることによって、アイヌ自身にも利益を生むあらたな交易品＝商品を手にいれることになった。このことが、アイヌ自身が場所請負制のもとでの漁場労働にみずから雇用されていく根拠であり、こうした余得を保証することで請負商人は各場所におけるアイヌの労働意欲を高めることをはかった。

飛騨屋の請負場所のうちでも、アッケシでは魚油のアイヌへの折半が行われていた。しかし、クナシリの飛騨屋の場所では、アッケシのような魚油の折半は行われなかった。その理由は、飛騨屋が累積した経済的な損失を急速に回収せざるをえない状況にあったことにあろう。さらに、アイヌの人びとの夏から秋にかけての鮭〆粕漁への従事は、越冬のための食糧確保を困難なものにさせていた。加えて、飛騨屋の請負場所では、質の悪い米・酒・煙草と、アイヌの人びとが稼ぎだした諸品を強制的に交換させる「非分」が横行していたが、仕返しの「通商」差止めを恐れ訴えられない状況であった。このため、クナシリのアイヌの人びとは、こうした飛騨屋の経営に抵抗し、「当春より夷《えぞ》共銘々稼に働可申《もうすべく》」、つまり飛騨屋の場所では働かず、「自分稼《じぶんかせぎ》」によって生計を立てるという雇用労働の拒否の道を選んだのであり、このことが一層、飛騨屋の暴力と脅迫を加速させた。

さらに、クナシリおよびメナシのアイヌの「申口」でも、和人稼ぎ方などの婦女子に対する「密通《みっつう》」についての具体的事例があげられている。このような場合、アイヌの慣習としてまず要求されるのは罪を償うための「ツクナイ」であるが、その「ツクナイ」の要求はいずれもが和人側により拒否され、かえって「非分」を申しかけられる結果となった。

また、一七八九年春には番人たちがアイヌの勤労意欲の減退に、「毒殺」するなどと脅迫を重ねていた。そこに「クナシリ惣乙名サンキチ」や「サンキチ弟乙名マメキリ」の妻の、毒殺を推測させる死亡事件が起こった。アイヌ社会では身内が殺害された場合、当然として報復が前提とされていた。酷使や虐待・脅迫行為に加え、社会慣習を一方的に踏みにじる「品々背憤《はいふん》」、そして毒殺を推測させる死亡事件によって、クナシリだけでなくメナシまでのアイヌが「所縁《しょえん》」という地域的な広がりのなかで武力による制裁に立ち上がった。したがって、蜂起したアイヌの人びとにとってその行為は、アイヌ社会における慣習に基づく制裁権を行使したものにすぎなかったのである。

「夷酋列像」とアイヌ首長層

　鎮圧後、松前藩は協力的であったアイヌの人びとを「御味方《おみかた》蝦夷」と位置づけ、おもだった首長層を松前に「御目見《おめみえ》」のために呼びよせた。まず、新井田らに同行してアッケシ脇乙名《わきおとな》シモチらが、翌年にはツキノエらが松前に召しよせられている。今日、われわれはこのときに描かれた「夷酋列像《いしゅうれつぞう》」と称されるクナシリ・メナシの蜂起の鎮圧に功のあったアイヌ首長層一二人の一連の肖像画をみることができる。

　蠣崎波響《かきざきはきょう》▲の筆によるこの一連の絵のなかで、ツキノエは蝦夷錦《えぞにしき》のうえにロシア風のマントをはおり、イコトイは裸足で鑓《やり》をもち目にもあざやかな赤のマントをまとっている（表紙カバー参照）。そして、それぞれが凶相とされる三白眼《さんぱくがん》であり、また不自然な狩りのポーズで描かれる者もあるなど、粉本《ふんぽん》▲と比較しても夷風を強調するための甚だしいデフォルメが加えられている。しかしながら、一七八二（天明二）年に飛驒屋とのあいだに交易をめぐって対立したツキノエが「心底を改め相詫」びたのは、必ずしも順調でないロシアとの交易に拘泥《こうでい》することなく、交易相手をその状況において選択しようとする現実的なたくみな交渉

▼**蠣崎波響**　名は広年《ひろとし》。一七六四（明和《めいわ》元）年、松前資広《すけひろ》の第五子として生まれる。のち、松前藩家老。江戸で文を建部《たてべ》凉岱《りょうたい》に、また画を大原呑響《おおはらとんきょう》に学び波響と号する。一七九一（寛政三）年に円山応挙《まるやまおうきょ》の門人となる。「夷酋列像」は一七九〇（寛政二）年に描かれた絹本《けんぽん》著色《ちゃくしょく》の画帖で一二葉がおさめられるが、日本にある自筆のものは市立函館図書館蔵の「イコトイ」「ションコ」の二点のみで、フランスのブザンソン美術館に一一葉が所蔵される。

▼**粉本**　絵の下書。

●──「夷酋列像」(御味方蝦夷之図)よりションコ

の結果であった。それは、一八〇〇(寛政十二)年に「心底相改」めたといわれるまで、幕府や他のアイヌに対して反抗的であったイコトイにも共通する。

波響により描かれたアイヌ首長層らは、松前藩によってあたえられた「御味方蝦夷」という言葉によってイメージされるような一方的に従属した存在ではなかった。それだけに、アイヌ首長層の動向は松前や北奥《ほくおう》の和人にとり、その一挙一動が注意を引くものであった。一七九三(寛政五)年のラクスマン来航時にあっても、ツキノエはロシアとの内通を疑われ、その動向についての風聞は関東にまで達していた。

「騒擾《そうじょう》」としてのクナシリ・メナシの蜂起の記録には、背後にロシアの南下という国際条件があるだけに、幕府あるいは松前藩による一方的な記述や粉飾を含むことはすでに指摘されている。クナシリ・メナシの戦いの背景やアイヌ首長層の位置付けは、暴力の応酬や裏切りといった単純な評価ではなく、当時のアイヌ社会のあり方全体を視野にいれた考察が必要である。このことは、場所請負制がすぐれて、民族問題としての本質をもっていることを示している。

⑥――民族文化の否定から「臣民」化へ

「外圧」と蝦夷地の内国編入

「外圧」とは、寛永《かんえい》以来の近世の外交体制の秩序にはなく、それまで通交関係をもたなかった国々による新規の通商・国交要求などの一切の接触とそれに対する恐れである。その帰結は、開国という形での世界資本主義のなかへの日本の編入であった。こうした「外圧」に対して、幕府《ばくふ》は体制外にあったアイヌを幕藩《ばくはん》制の政治的・軍事的支配下に取り込み、蝦夷地《えぞち》への内国統治を強化するため蝦夷地の直轄化に踏み切った。直轄化の論理、あるいは大義名分《たいぎめいぶん》は、対外防備とアイヌの「撫育《ぶいく》」であり、その過程は「外圧」のあり方によって一七九九～一八二一(寛政《かんせい》十一～文政《ぶんせい》四)年までの前期幕領《ばくりょう》期、松前《まつまえ》藩の復領期を挟んだ一八五四～六八(安政《あんせい》元～明治元)年の後期幕領期に区分される。

ロシアの接近を脅威としてとらえはじめるのは寛政期からであり、一七八九(寛政元)年のクナシリ・メナシの「蝦夷《えぞ》騒動」は、ロシアとの国境にあっての場《ば》所請負商人《しょうけおいしょうにん》の不正が進出の口実ともなりうることを幕府に認識させた。老中《ろうじゅう》

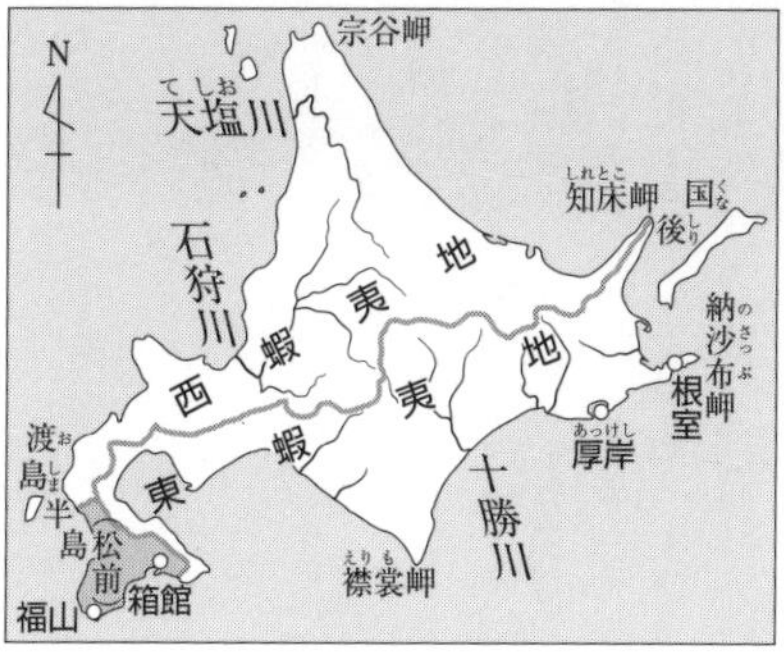

●──近世の蝦夷地(白山友正『松前蝦夷地場所請負制度の研究』より)

松平定信《まつだいらさだのぶ》は松前「委任」体制を維持したが、その失脚後の一七九九年に幕府は「異国境取締」を理由に「当分御用地」として東蝦夷地を上知《じょうち》し、アイヌとその民族的な領土であった蝦夷地が幕藩制の直接の統治下に組み入れられた。ロシアの「外圧」は、日本型華夷《かい》秩序・意識に特質づけられていた近世国家と蝦夷地の関係を崩壊させ、蝦夷地＝内国の論理が主張され、アイヌへの対応もまた、隔絶・華夷主義から、民族性の否定＝「国風《こくふう》」化へと根本的に変化した。

一八〇二(享和《きょうわ》二)年、東蝦夷地の永久上知にともない蝦夷地奉行《ぶぎょう》がおかれ、その年のうちに箱館《はこだて》奉行と改められた。その後、松前・蝦夷地一円が幕領化されると、松前に移され松前奉行となった。当初は定員二人、松前奉行のときは定員四人、交替で任地と江戸につとめた。長崎奉行次席に位置づけられ、この下の役人は蝦夷地各場所に派遣され、現地支配の責任者として会所《かいしょ》・運上屋《うんじょうや》の支配人以下の和人《わじん》やアイヌの人びとを支配した。前期幕領期には、海産物中心の漁業経営が中心であり、農業開拓は箱館付近の大野《おおの》の開墾がわずかに成果をあげたのにとどまり、武州《ぶしゅう》八王子《はちおうじ》千人同心《どうしん》約一〇〇人による白糠《しらぬか》・鵡川《むかわ》の屯田《とんでん》開発は失敗している。

　また、東蝦夷地の有珠《うす》に浄土宗《じょうどしゅう》善光寺《ぜんこうじ》、様似《さまに》に天台宗《てんだいしゅう》等澍院《とうじゅいん》、厚岸《あっけし》に臨済《りんざい》宗《しゅう》国泰寺《こくたいじ》の「蝦夷三官寺《さんかんじ》」が建立され、和人の勤番士や出稼ぎの蝦夷地死亡者の供養《くよう》に加えて、どれほど効果があったかは疑わしいが、仏教の布教活動を通じてアイヌの人びとを同化《どうか》させることがはかられた。

　幕府による蝦夷地の直轄化とは、アイヌの「撫育」という掛声とは裏腹に自立的な生産基盤の破壊でしかなかったが、アイヌの民族としてのアイデンティティにこだわる問題として「改俗《かいぞく》」＝同化政策、強制的な日本人化政策がとられたことがあげられる。▲前期幕領期には、①「耕作の道を」教え「穀食《こくしょく》」をならわせ、②「日本詞《にほんことば》」使用の禁止をやめもっぱら「和語《わご》」を使うよう教える。③「和人風俗」を望む者には月代《さかやき》を剃《そ》らせ「日本の服」をあたえる。④稼出精《かせぎしゅっせい》のものには「日本風の家作《かさく》」をあたえる、⑤上《かみ》を崇め親に孝といった儒教徳目《じゅきょうとくもく》を教え諭す、⑥いろは文字など覚えさせ「文華《ぶんか》」が開かれるよううながす、などが行われた。

　実際には、「左袵《さじん》」、すなわち着物を左前に着ること、また入墨《いれずみ》・耳かねを禁じ、月代を剃り髷《まげ》をゆわせ髭《ひげ》を剃らせるなどといった外面的な習俗の矯正《きょうせい》がはかられた。本来、アイヌの人びとの髪型は、髪を剃り、左右前後は短く切って

▼**同化**　弘前《ひろさき》藩領では宝暦六（一七五六）年に「狄《えぞ》」としての政治支配が廃止されたが、宇鉄《うてつ》周辺のかつての「狄村」には系譜《けいふ》を伝え民族文化＝風俗を色濃くもつ人びとが存在した。文化四（一八〇七）年、松前藩の転封《てんぽう》に象徴される対蝦夷地＝アイヌ関係の変化、蝦夷地の「内国」化をめざす幕府の政策により弘前・盛岡《もりおか》両藩は「内国」としての体裁を整えるため、領内のアイヌ文化の否定をはかった。その過程で宝暦期には不完全であった弘前藩領での「同化」は、文化三年にいたり再び企図され、身分制のなかに完全に包摂される。松浦武四郎《まつうらたけしろう》の指摘のように天保期以降には表面上は急速な和人化が進行した。

たらすものであり、鬚はゆわないものの、月代様のものは剃り、イオマンテや祖先を供養する儀式などにあってはサパウンペというぶどう蔓《つる》や木を削ってくんだ冠《かん》をいただいた。「左衽」についても、アイヌの人びとを描いた絵のなかでは多くは左前に着しているが、少数とはいえ右前のものもあり、また現存するアットゥシなどでは右前での着用を示すものもある。にもかかわらず、和人がアイヌの人びとを「被髪《ひはつ》左衽▲」という夷狄《いてき》を標徴《ひょうちょう》するステレオ・タイプ化によってとらえていたことが、そうした観念を習俗の矯正の要点とする同化政策となって行われたのである。

　アイヌの人びとにとってのアイデンティティの否定とは、むしろその精神的内面におよぶ強制であった。アイヌの人びとを内面から百姓につくりかえようとしたために、その精神文化の中核にあった儀礼、すなわちイオマンテ（とくに、熊の送り儀礼）を禁止することで内在的な信仰意識の否定がはかられた。またそれは、メッカ打（死者などがあった際に刀の峰で打ちあい、魔を払う儀礼）とともにみた目の野蛮《やばん》さからも禁止された。それらはアイヌの人びとの大きな反発を招き、とくに一八〇二年の東蝦夷地の永久上知段階になって、幕府が積極的

▼**被髪左衽**　髪をざんばらにし鬚をゆわないことと、着物を左前に着ること。『論語《ろんご》』憲問篇《けんもんへん》による中国とは異なる野蛮の象徴として位置づけられる。ただし、「左衽」の民族については実態としては不明。

な蝦夷地開発政策を放棄すると、蝦夷地奉行(のち、箱館奉行)は服従策としてはマイナスな「改俗」の中止を指示した。

しかしながら、こうした「改俗」はあくまでもロシアの脅威に対しての政策の一環であったために、蝦夷地(北海道本島)における「改俗」は停止されてもロシアに接する「異国境島々」では、アイヌがロシアにつかないよう「改俗」がなお強制された。エトロフ島では一八〇一(享和元)年、改名・改俗したエトロフ・アイヌは、改名が全人口の三五%、改俗は一八・五%にのぼった。改名・改俗とも五〇%を超えたのが三村、改名のみ五〇%を超えたのが三村にのぼった。全体として改名者の比率より改俗者の比率が低い。改名は本来の名をもちつつ、幕府役人との対応のときのみ和名を名乗るものであり、改俗は民族文化それ自体の否定を意味していた。改名に比較しての改俗の比率の低さは、それがいかに大きな精神的苦痛と抵抗をともなったかを物語るものでもある。

幕府は一八五四年に箱館周辺、翌年、東・西蝦夷地一円を上知、ふたたび蝦夷地の直轄化をはかった。後期幕領期と呼ばれるこの期には、西欧列強の力ずくの自由貿易主義による開国として箱館開港が強制され、ロシアとのあいだに国境確定問題が起こる。

前期幕領期にはサハリンにロシアの勢力はまだおよばず、一八〇九(文化《ぶんか》六)年以来、栖原《すはら》・伊達《だて》▲という二人の有力な場所請負人《ばしょうけおいにん》が、クシュンコタンとアニワ湾および西海岸の漁場でアイヌを主たる労働力とする経営にあたっていた。ロシアは一八五三年に、戦略的重要性と石炭資源を狙ってクシュンコタンに砲台を構築する。クシュンコタンには場所経営の中心施設である運上屋があったが、松前藩の勤番士や出稼ぎの労働者が漁期が終って引き上げたあとを狙っての行動であった。

このように一八五四年の日露和親《にちろわしん》条約第二条で「界を分たず、是迄仕来《これまでしきたり》の通《とおり》たるべし」と定めていても、実際には日本がアニワ湾、西海岸の富内《とんない》を中心としたサハリン島南端の場所経営のみを主にし、ロシア側もなお実効的支配にはいたっていなかった。それだけにサハリン領有の事実化が問題となったが、その事実化とはアイヌをはじめとする先住の諸民族を、ロシア・日本のいずれが「撫育」し「付属」させているかということにほかならなかった。

このため、後期幕領期にはアイヌの風俗改め・和風化《わふうか》策が、前期幕領期以上

▼**栖原・伊達**　栖原は紀伊《きい》国有田《ありた》郡栖原の海民の出身。近世初期に房総《ぼうそう》に進出、牡鹿《おじか》半島・下北《しもきた》半島をへて松前・蝦夷地にいたり、サハリン・エトロフ・ウルップまで漁業を広げる。伊達は、松前の場所請負商人で、陸奥《むつ》国伊達郡貝田《かいた》村の出身。初代林右衛門《りんえもん》が一七九三(寛政五)年に「伊達屋」を松前城下《じょうか》に開設、増毛《ましけ》・浜益《はまます》などの漁場を請け負い、一八五四(安政元)年には松前藩の勘定《かんじょう》奉行もつとめる。前期幕領期に両家は「箱館産物会所」の用達《ようたし》になっている。

●――アイヌの乙名（「蝦夷人乙名之図」）

に積極的に進められた。一八五六（安政三）年、幕府はアイヌに対する「蝦夷人」「夷人《いじん》」という呼称を「土人《どじん》」と改めた。それは、西洋列強の接近、開国への動きのなかで「夷人」という言葉が西洋人をさげすむ言葉として用いられるようになったため、アイヌの人びとをさす言葉としては不適当なものとなったからである。このため、「改俗」を必要とするアイヌの人びとに対して、内国民とは区別するためにあらたに「土人」という呼称が用いられるようになったのである。そして再度、自立した民族性を維持するアイヌの人びとに対して、「月代・髯《ほおひげ》を剃、髪を結」ぶ行為を「帰俗《きぞく》」の証《あかし》として強要する同化がはかられた。改俗したアイヌの「役土人」は、乙名《おとな》・小使《こづかい》・土産取《みやげとり》といった旧来の呼称を、庄屋《しょうや》・名主《なぬし》・年寄《としより》・百姓代《ひゃくしょうだい》とし、服も裃《かみしも》や羽織袴《はおりはかま》を支給・着用させた。儀礼でも、座席などを本州の村役人と同じ扱いとし、未改俗のアイヌ首長《しゅちょう》との差別を行った。

後期幕領期の初期には、たとえば釧路《くしろ》では一三二六人のうち四八三人に初めは酒や服などをあたえ懐柔して改俗させようとはかったが、それが拒否されると無理やり月代・髭を剃るという暴挙を行ったものの、乙名ムンケケの抗議によって中止せざるをえなかった。このように、「風俗改」にみられる改俗はアイヌの強烈な反発を招いた。したがって改俗は、強制力がなくなるとたちまち民族的習俗へ戻り、一八五七（安政四）年に同地で改俗していた者はわずかに一三人のみであった（松浦武四郎「近世蝦夷人物誌」参編、巻の下）。

維新政権と「臣民」化——民族の否定と強制移住

一八六九（明治二）年七月、維新《いしん》政権は開拓使《かいたくし》を設置し、八月十五日、北海道へと改称が行われた。アイヌ民族の大地（アイヌ・モシリ）であった蝦夷地は、日本国家の直接支配へと編入された。翌九月、開拓使は場所請負制を廃止することを布告した。その目的は、いうまでもなく請負人による排他的・独占的な漁場および土地の占有を廃止し、直接生産漁民に漁場を開放することにあった。しかし、請負人は場所内のアイヌの「撫育」「介抱」（アイヌに対する酷使と収奪・差別と抱き合わせのものではあったが）が義務づけられていた。このため、場所請負制が完全に廃される過程は、翌十月、旧場所請負人を当分「漁場持《ぎょばもち》」とし、従来の権利の多くの部分を認めつつ、移住漁民へのあらたな漁場を割り渡しながら、一八七六（明治九）年「漁場持」の名称が廃止されるという曲折したものにな

●―明治初期のコタン（西川北洋『明治初期アイヌ風俗絵巻』）

った。

一八七一（明治四）年、戸籍法公布《こせきほうこうふ》に際し、開拓使はアイヌを「平民《へいみん》」に編入することを布達《ふたつ》した。アイヌの人びとは、日本国民として近代国家のなかに編入された。それはアイヌ文化とそこに帰属する人びととの存在を認めたものではなく、逆にその否定による「臣民《しんみん》」の創出でしかなかった。アイヌの人びとに対する呼称は、一八七八（明治十一）年十一月、平民一般と「区別」するため「旧土人」と称することが布達され、法律上の用語として一九九七（平成九）年七月一日、「アイヌ文化の振興並びにアイヌの伝統等に関する知識の普及及び啓発に関する法律」（平成九年五月十四日法律第五十二号）の施行まで使用される。

一八七二（明治五）年の「北海道土地売貸規則」および「地所規則」は、近代的な土地所有制度の導入であり、「山林・川沢」の別なくその所有を明らかにし、土地に対する私有権の確立を規定した。しかし、アイヌが漁猟・伐木に用益権を行使してきた土地であっても、「山林・川沢」をすべて分割し私有を認めるという「地所規則」第七条の「私有」の主体は、移住者を主とする和人に限定されていた。

さらに、一八七七(明治十)年の「北海道地券《ちけん》発行条例」では、アイヌの「住居地所」(宅地および周辺の開墾予定地)は当分「官有地第三種」(同条例第十六条)に編入し、徐々にアイヌに私有権を認めようとした。しかし、これらの法規に基づいて土地を確保できたアイヌは一八八一(明治十四)年段階で、札幌本庁管内の石狩《いしかり》・天塩《てしお》・北見《きたみ》・後志《しりべし》・胆振《いぶり》・十勝《とかち》の六カ国一六郡の七二四戸、一戸平均三一〇坪にすぎなかった。一方、一八七二年以降八五(明治十八)年までに「北海道土地売貸規則」によって和人に売り下げられた土地は、道南を中心に二万九二三九町歩、無償付与地(主として鉱工業用)七七六八町歩の計三万七〇〇七町歩にのぼった。文字どおり、和人の独占的土地所有によるアイヌ・モシリの消滅といえよう。

維新政権は、アイヌの人びとを「開明の民」とするためにアイヌ民族古来の風俗や風習を一方的に禁止する。また、死亡者の居家の自焼▲と転住、女子の入墨▲、男子の耳輪を禁止し、違反者は「厳重ノ処分」を行うとした。ただし、一八七一年、アイヌの儀礼としてのオムシャは三年を限ったのちに廃止(千島《ちしま》・樺太《からふと》などは七五年まで例外として慣行)とされたが、この間は熊送りなどの儀礼とともに

▼**死亡者の居家の自焼**　「家送り」の儀礼で、秦檍麿は『蝦夷島奇観』のなかで、家の主人が死んだときに家を焼きすてるとしている。

▼**女子の入墨**　一人前に成人した証としてほどこされる。

▼ウライ網　一六ページ参照。

行われている。

さらに、経済的基盤としての生業についても、同年三月には根室《ねむろ》地方の鮭《さけ》の種川《たねかわ》とされていた西別《にしべつ》川での流し網を禁止し、一八七四(明治七)年には豊平《とよひら》川とその支流での引き網・ウライ網▲を制限した。一八七六年以降になると、西別川では一漁場、網一統に制限し、乱獲防止を名目に禁漁に等しい厳しい制限を強いた。また同年、アイヌの伝統的狩猟法の一つである仕掛弓や毒矢の使用を「獣類生息ノ妨害」を理由として禁止し、「新業ニ移シ、又ハ猟銃ヲ貸与」することをはかっただけでなく、「免許鑑札」を受けた者以外の鹿猟を禁止するにいたる。近代国家によって、アイヌ文化とその継承はすべての面において否定され、「臣民」化が生活の窮迫とあいまって進行した。

目をサハリンと千島のアイヌの人びとに向けよう。北海道大学北方資料室にサハリン・アイヌにかかわる「ナヨロ文書」という貴重な史料がある。ナヨロはサハリン西海岸に位置するコタンであるが、その首長ヨーチテアイノは、幼いときに人質として清《しん》にあずけられ、許されて故郷に戻る際、清の役人から、その名に由来した「楊忠貞《ようちゅうてい》」という漢名をあたえられた。

近世後期には、清への黒貂《くろてん》の毛皮、日本への蝦夷錦《えぞにしき》を扱う山丹《さんたん》交易が盛んであり、清と日本とのあいだで交易に従事していた山丹人などのなかには、大きな富をたくわえる者があらわれるようになった。これに対して、松前藩から蝦夷錦などの献上を強制されたアイヌのなかには、負債のために身よりのない者を山丹人に引き渡す者さえあらわれた。間宮林蔵《まみやりんぞう》の上司であった松田伝十郎《まつだでんじゅうろう》が、アイヌの山丹人に対する借財を整理し返済させたのは、幕府がこの問題を放置できなくなってきたためである。しかし、十九世紀後半にロシアがアムール川下流域・サハリンに進出▲すると清への朝貢《ちょうこう》が禁止され、北方先住民族の社会は大きな変動を経験する。北方の交易ルートは事実上消滅し、一八六八(明治元)年には箱館奉行所《ぶぎょうしょ》がサハリンでの交易を廃止し、彼らの交易活動は、国家間の中継交易から住民間の物資のやりとりに後退する。

さらに、一八七五(明治八)年にロシアとのあいだに結ばれた千島・樺太交換条約は、サハリンと千島のアイヌの人びとに過酷な運命をあゆませることとなった。日本とロシアとの国境は、日露和親条約の第二条で、千島における国境をエトロフ島とウルップ島のあいだにおくこと、サハリンは「界を分たす、是

▼ロシアのサハリン進出　一八五八年、アムール川岸の愛琿《あいぐん》で、ロシアと清国とのあいだで結ばれた愛琿条約において、ロシアはアムール川以北の清国領土を割譲させ、沿海州の露清《ろしん》共同管理などを認めさせた。ついで一八六〇年、アロー戦争後にイギリス・フランス・ロシア三国と結んだ北京《ペキン》条約で、沿海州を割譲させ併合した。

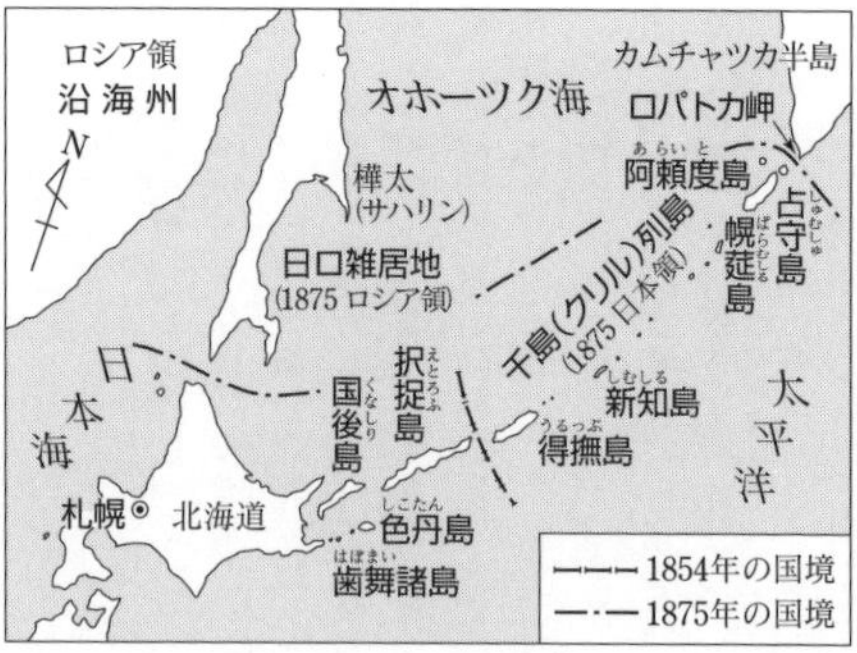

●――千島・樺太交換条約関係図

迄仕来《しきたり》の通たるへし」と日露混住とすることが定められていた。しかし、サハリンにおける実質的なロシアの支配が強まり、一八七五年五月、日露間の領土問題に関する取決めを定めた千島・樺太交換条約では、サハリン全島をロシア領とし、日本は権利放棄の代償としてウルップ島以北の北千島を獲得した。千島およびサハリンに居住していた日露両国人は国籍を維持しその地にとどまることが認められたが、先住民は同年八月東京で調印された「交換条約付録」第四条で、従来の主権者に属することを望む者は三年のうちにその国へ移住すべきことが規定された。

　サハリン・アイヌの人びとは、実際は同年九月に開拓使によって八四一人が北海道宗谷《そうや》のメグマに移住させられた。さらに石狩のツイシカリ（対雁）に強制的に移住、農業に従事させられたために生活は貧困をきわめた。また、一八八六～八八（明治十九～二十一）年の伝染病の流行で三四〇人余の生命が失われている。千島アイヌもまた実質的な強制移住の対象となった。日本国籍を選んだアイヌ九七人は、千島列島の最北端シュムシュ島のベットブに集められ、一八八四（明治十七）年にはシコタン（色丹）島に再度移住させられた。人びとは牧畜

●—色丹島に強制移住させられた北千島アイヌの集落（一八九一〈明治二十四〉年）

や農業に従事させられ、政府から救恤《きゅうじゅつ》金《きん》があたえられたものの、慣れない気候や環境の急変によって五年後には人口が半減した。

明治政府に主導される近代化のなかで、国防上の理由などによりサハリンや千島のアイヌの人びとは強制移住の対象となり、またアイヌの人びと全体に対して、その文化と経済的な存立の基盤を剝奪することが強行された。その文化の否定は、近代日本という国民国家がつくりあげられるなか、法秩序に基づく強制による、「旧土人」という位置付けの「臣民」化の過程として進められた。アイヌ文化の破壊は、とくにアイヌ語を禁止し、日本語を奨励する教育によって決定づけられる。そして、それらの帰結こそが、一八九九（明治三十二）年の「北海道旧土人保護法」の制定であった。

アイヌ民族の軌跡

従来の研究は、こうした和人《わじん》の横暴とアイヌ社会の破壊を全面的に明らかにしてきた。しかしながら、それらを歴史的な事実として踏まえたとしても大きな問題がそこにはある。それでは、そうした民族的な危機状況のなかでアイヌの人びとは歴史的な主体性を喪失してしまったのかということである。さきにみた「蝦夷地場所図絵馬《えぞちばしょずえま》」(鰊地引網図《にしんじびきあみず》)のなかに描かれたセツの存在は、この場所でイオマンテが行われていたことを雄弁に物語っている。幕領《ばくりょう》期には野蛮《やばん》な風習として禁止されたにもかかわらず、場所請負制《ばしょうけおいせい》と併存しながら熊送り儀礼は精神的な文化的伝統として継受されていたのである。

もっとも南に居住した本州アイヌは、弘前藩《ひろさきはん》を例にとると、宝暦《ほうれき》期(一七五一～六四）以降、「狄《えぞ》」としての政治支配が廃され、文化《ぶんか》期（一八〇四～一八）をすぎると、紀行者の目には「被髪左衽《ひはつさじん》」などアイヌ文化を感じさせるものはもはやなかった。しかし、宝暦の「同化《どうか》」には五〇人ほどの人びとがそれをきらって逃散《ちょうさん》して抵抗し、文化期以降もなお、かつての首長《しゅちょう》層の家にはイコロの所蔵がなされていたり、天保《てんぽう》期（一八三〇～四四）にも今別《いまべつ》の寺では年に一回アイヌの人びとが集まって「蝦夷《えぞ》踊《おど》」りが行われていた。人びとが権力による度重なる「同化」策にもかかわらず、文化的伝統を「蝦夷踊」りとして共有していたとするなら、そこにはなお精神文化の深みにおいて民族としての帰属意識をもったアイヌの集団が存在していたことになろう。政治や経済面における抑圧は、精神まで踏み込んでの文化否定にはいたらなかったのである。それほどまでに、アイヌの人びとの生きた歴史には民族文化に対する強い帰属性が刻み込まれていたのだともいえよう。

　蝦夷地のアイヌの人びともまた、場所請負制のもとでけっして一方的に逼塞《ひっそく》させられ貶《おとし》められた存在とはなっていなかった。安政《あんせい》期（一八五四～六〇）のソウヤ場所のアイヌの人びとの生産をみると、場所での漁業労働に使役される雇用とともに、漁獲物や狩猟《しゅりょう》物などを請負人と相対《あいたい》で取引して和製品を入手する「自分稼《じぶんかせぎ》」「自分取」「自分商売」などと記される漁業・狩猟・山稼ぎ・手工業などの諸稼ぎが行われていた。取引形態の原則を相対とすることで、みずからの手で和製品を入手する可能性をなおアイヌ社会はもちつづけていた。

「ヨイチ御場所漁業手配 幷《ならびに》蝦夷人共取扱方」では、漁獲鮭の買入れは、運《うん》上屋《じょうや》が漁獲高の四割と漁業中アイヌに提供した入用品の代価を引き去り、残りの「夷人共荷物」を鮭四束につき造米一俵の割合で買い上げることとなっており、アイヌ自身による他売は禁止されていた。しかし実際には、アイヌの人びとは場所請負商人の規制をくぐって、請負人以外の和人漁業者との「抜荷《ぬけに》」として断罪されるような交易を行ってもいた。場所請負制のもとで規制が強まりつつも、余市《よいち》アイヌは幕末《ばくまつ》までかなり独自性の強い漁業を維持している。その維持の意味は、クナシリ・メナシの蜂起の際、クナシリのアイヌの人びとが、アイヌ社会の慣行に則らない飛騨屋《ひだや》の不法な経営に対して、「当春より夷共銘々稼に働可申《もうすべく》」と「自分稼」による飛騨屋の場所での雇用労働の拒否をもって応えたこと自体に明確に示されている。

場所請負制のもとにあっても、アイヌの「自分稼」は請負人の思惑を越え、アイヌの人びとが主体となって抜荷交易や対遠隔地出漁に展開する可能性をもつものでもあった。中世から近世、そして近代にいたる歴史のなかでのアイヌの人びとは、交易の担い手としてきわめて行動的なダイナミズムのなかに生きた民族であったことが理解されてくる。

そうしたアイヌの人びとを国家という枠組みのなかに捉え込もうとしたのが日本を含む周辺の国家群の動きであったといえよう。アイヌの人びとは、前近代においては、そうした動きに対して公然たる蜂起となし崩しの交易活動によって、みずからの主体的な活動を営み続けていたのである。しかしながら、アイヌの人びとは、その後、アムール川下流域・サハリンの先住民族と同様に、近代の足音が高まるとともに国家間のせめぎ合いのなかでその活動を規制され、狩猟・漁労を生業の中心とするようになった。

民族誌に記録され、現在もなお生きる「自然と共生する人びと」というイメージは、そうした段階以降につくられたものである。歴史のなかのアイヌ民族は、東北アジアという地域とそこに流れた時間のなかに活動的な主体として存在していた。このことは、アイヌ社会が、松前藩との関係だけではなく、本州、とくに北東北との地域的な関係と東北アジア世界の変動との関わりのなかに理解されなければならないことを意味している。同時に、本書の冒頭で述べたように、二つの民族と三つの大きな文化がこの列島弧の上に存在し文化接触が繰り返されていたとするなら、日本史は国家の枠組みを前提とする「日本」史ではなく、列島弧における文化と社会のあり方を、時という視点から問いなおすものとして再構成されなければならないのである。

浪川健治「語られたアイヌ像」森田武監修，坂井俊樹・浪川健治編『ゆれる境界・国家・地域にどう向きあうか』梨の木舎，2009年
浪川健治「松前藩の成立と北方世界」荒野泰典・石井正敏・村井章介編『日本の対外関係5　地球的世界の成立』吉川弘文館，2013年
浪川健治「本州アイヌとその足跡」東日本部落解放研究所編『東日本の部落史Ⅱ　東北・甲信越編』現代書館，2018年
麓慎一「維新政府の北方政策」『歴史学研究』725，1999年
麓慎一「近代日本と千島アイヌ」浪川健治・デビッド＝ハウエル・河西英通編『周辺史から全体史へ』清文堂，2009年
麓慎一・川畑恵「国境の画定」明治維新史学会編『講座明治維新4　近代国家の形成』有志舎，2012年
本田優子編『伝承から探るアイヌの歴史』札幌大学附属総合研究所，2010年
松浦茂『清朝のアムール政策と少数民族』京都大学学術出版会，2006年

青森県立郷土館・東奥日報社『蝦夷錦と北方交易』2003年
北海道開拓記念館『山丹交易と蝦夷錦』1996年
『青森県史　資料編　近世1　近世北奥の成立と北方世界』青森県，2001年
『青森県史　資料編　近世6　幕末・維新期の北奥』青森県，2015年
『青森県史　通史編2　近世』青森県，2018年

●──写真所蔵・提供者一覧（敬称略，五十音順）

アイヌ文化保存対策協議会編『アイヌ民族誌』第一法規出版　p.12
青森県立郷土館　扉
大石神社・北海道開拓記念館　p.65下
史跡志苔館跡保存会　p.22
市立函館図書館　カバー表，p.36・37，65中，76，86
市立函館博物館　カバー裏
（財）水府明徳会 彰考館徳川博物館　p.58
東京国立博物館　p.10上，28上・下，51上
東京大学常呂実習施設　p.8上
北海道開拓記念館　p.13，35，84
北海道立図書館　p.65上
北海道立埋蔵文化財センター　p.42上
北海道立文書館　p.91

●—参考文献

岩﨑奈緒子『日本近世のアイヌ社会』校倉書房, 1998年
小川正人『近代アイヌ教育制度史研究』北海道大学図書刊行会, 1997年
小川正人・山田伸一『アイヌ民族近代の記録』草風館, 1998年
海保嶺夫『エゾの歴史』講談社, 1996年
川上淳『近世後期の奥蝦夷地史と日露関係』北海道出版企画センター, 2011年
児島恭子『アイヌ民族史の研究』吉川弘文館, 2003年
児島恭子「アイヌの自然観と資源利用の倫理」湯本貴和編, 田島佳也・安渓遊地責任編集『島と海と森の環境史』文一総合書房, 2011年
佐々木史郎『北方から来た交易民』日本放送出版協会, 1996年
佐々木利和『アイヌ文化誌ノート』三省堂, 2001年
佐々木利和『アイヌ絵史の研究』草風館, 2004年
佐々木利和『アイヌ史の時代へ：余瀝抄』北海道大学出版会, 2013年
田島佳也『近世北海道漁業と海産物流通』清文堂, 2014年
谷本晃久『近世蝦夷地在地社会の研究』山川出版社, 2020年
谷本晃久「近世アイヌの出稼サイクルとその成立過程」学習院大学文学部『研究年報』45, 1999年
谷本晃久「近世蝦夷地在地社会と幕府の対外政策」『歴史学研究』832, 2007年
谷本晃久「幕末維新期の松前蝦夷地とアイヌ社会」木村直也・三谷博編『講座明治維新史１　世界史のなかの明治維新』有志舎, 2010年
田端宏「石狩場所ノート(一)(二)」『札幌の歴史』15・16, 1988年
デビッド・ハウエル『ニシンの近代史』岩田書院, 2007年
中西聡『近世・近代の市場構造 —「松前鯡」肥料取引の研究』東京大学出版会, 1988年
中村和之「蝦夷錦と北方交易」『釧路市立博物館報』365, 1999年
中村和之「山丹交易の源流」荒野泰典・石井正敏・村井章介編『日本の対外関係４　倭寇と「日本国王」』吉川弘文館, 2010年
中村和之「中世・近世アイヌ論」『岩波講座日本歴史』第20巻, 岩波書店, 2014年
浪川健治『近世日本と北方社会』三省堂, 1992年
浪川健治「蝦夷地の『無事』」国際基督教大学『アジア研究　別冊』12, 2004年
浪川健治「境界を越える者」長谷川成一監修, 浪川健治・河西英通編『地域ネットワークと社会変容』岩田書院, 2008年

日本史リブレット50
アイヌ民族《みんぞく》の軌跡《きせき》
2004年 8 月25日　1 版 1 刷　発行
2021年 3 月31日　1 版 8 刷　発行
著者：浪川健治《なみかわけんじ》
発行者：野澤武史
発行所：株式会社 山川出版社
〒101－0047　東京都千代田区内神田 1 －13－13
電話　03(3293)8131(営業)
03(3293)8135(編集)
https://www.yamakawa.co.jp/
振替　00120-9-43993
印刷所：明和印刷株式会社
製本所：株式会社 ブロケード
装幀：菊地信義

Printed in Japan ISBN 978-4-634-54500-7

日本史リブレット　第Ⅰ期［68巻］・第Ⅱ期［33巻］　全101巻

1 旧石器時代の社会と文化
2 縄文の豊かさと限界
3 弥生の村
4 古墳とその時代
5 大王と地方豪族
6 藤原京の形成
7 古代都市平城京の世界
8 古代の地方官衙と社会
9 漢字文化の成り立ちと展開
10 平安京の暮らしと行政
11 蝦夷の地と古代国家
12 受領と地方社会
13 出雲国風土記と古代遺跡
14 東アジア世界と古代の日本
15 地下から出土した文字
16 古代・中世の女性と仏教
17 古代寺院の成立と展開
18 都市平泉の遺産
19 中世に国家はあったか
20 中世の家と性
21 武家の古都、鎌倉
22 中世の天皇観
23 環境歴史学とはなにか
24 武士と荘園支配
25 中世のみちと都市
26 戦国時代、村と町のかたち
27 破産者たちの中世
28 境界をまたぐ人びと
29 石造物が語る中世職能集団
30 中世の日記の世界
31 板碑と石塔の祈り
32 中世の神と仏
33 中世社会と現代
34 秀吉の朝鮮侵略
35 町屋と町並み
36 江戸幕府と朝廷
37 キリシタン禁制と民衆の宗教
38 慶安の触書は出されたか
39 近世村人のライフサイクル
40 都市大坂と非人
41 対馬からみた日朝関係
42 琉球の王権とグスク
43 琉球と日本・中国
44 描かれた近世都市
45 武家奉公人と労働社会
46 天文方と陰陽道
47 海の道、川の道
48 近世の三大改革
49 八州廻りと博徒
50 アイヌ民族の軌跡
51 錦絵を読む
52 草山の語る近世
53 21世紀の「江戸」
54 近代歌謡の軌跡
55 日本近代漫画の誕生
56 海を渡った日本人
57 近代日本とアイヌ社会
58 スポーツと政治
59 近代化の旗手、鉄道
60 情報化と国家・企業
61 民衆宗教と国家神道
62 日本社会保険の成立
63 歴史としての環境問題
64 近代日本の海外学術調査
65 戦争と知識人
66 現代日本と沖縄
67 新安保体制下の日米関係
68 戦後補償から考える日本とアジア
69 遺跡からみた古代の駅家
70 古代の日本と加耶
71 飛鳥の宮と寺
72 古代東国の石碑
73 律令制とはなにか
74 正倉院宝物の世界
75 日宋貿易と「硫黄の道」
76 荘園絵図が語る古代・中世
77 対馬と海峡の中世史
78 中世の書物と学問
79 史料としての猫絵
80 寺社と芸能の中世
81 一揆の世界と法
82 戦国時代の天皇
83 日本史のなかの戦国時代
84 兵と農の分離
85 江戸時代のお触れ
86 江戸時代の神社
87 大名屋敷と江戸遺跡
88 近世商人と市場
89 近世鉱山をささえた人びと
90 「資源繁殖の時代」と日本の漁業
91 江戸の浄瑠璃文化
92 江戸時代の老いと看取り
93 近世の淀川治水
94 日本民俗学の開拓者たち
95 軍用地と都市・民衆
96 感染症の近代史
97 陵墓と文化財の近代
98 徳富蘇峰と大日本言論報国会
99 労働力動員と強制連行
100 科学技術政策
101 占領・復興期の日米関係